Hermann Hinterstoisser

Kochen im Krieg

Rezepte zum Überleben in der Heimat
1914-1918

Impressum:

Druck: Stader Media, Warwitzstraße 1, 5023 Salzburg.

ISBN: 978-3-901185-86-1
Cover: Foto H. Hinterstoisser.

Inhaltsverzeichnis

Vorwort

Schon wieder ein Kochbuch? Der Markt quillt fast über vor Kräuter-, Fisch-, Diät-, Gourmet- oder Gesundheitskochbüchern. Delikatessen aus weit entfernten Gegenden finden ebenso großes Interesse, wie Fragen einer „gesunden" Ernährung, schmackhafte Vorschläge zum Abnehmen oder nachhaltig produzierte Kost. Das vorliegende Buch soll die Zubereitung von Speisen in einem völlig anderen Kontext darstellen. Während wir uns heute oftmals mit zeittypischen Luxusproblemen befassen, soll hier gezeigt werden, wie es ist, wenn man fast nichts mehr zum Kochen bekommt. Manches der vorgestellten Rezepte mag heutigen Diätansprüchen von fleisch-, zucker- und fettarm oder völlig fleischlos durchaus Genüge tun, ihr Beweggrund ist aber weder die Vermeidung von Zivilisationskrankheiten noch elitäre Genusssucht, sondern schlicht das Bemühen, Wege aus bitterer Not und kriegsbedingter Mangelernährung aufzuzeigen.

Politische und Militärische Aspekte des Ersten Weltkrieges sind in der Literatur gut dokumentiert.[1] Die Entwicklung von Flugzeugen und Waffen, taktische Analysen der Kampfhandlungen, die Ausrüstung der Truppen und viele persönliche Schicksale der Soldaten sowie regionale Aspekte sind in reicher Zahl publiziert.[2] Der Erste Weltkrieg gilt als erster „industrialisierter" Krieg, der alle (und nicht nur die) kriegführenden Staaten in ihrer Gesamtheit erfasste. Krieg fand nicht nur an der Front statt. Praktisch jede Familie war vom Krieg betroffen, auch und gerade in der zunehmend Not leidenden Zivilbevölkerung. Die Durchsicht von Kriegskochbüchern regte dazu an, sich mit den oft wenig beachteten Fra-

---

[1] U.a.: Anton Wagner: Der Erste Weltkrieg (2. Aufl.), Wien 1981; Siegfried Fiedler: Kriegswesen und Kriegführung im Zeitalter der Millionenheere, Bonn 1993; Piet De Gryse u. Christine Van Everbroeck (Red.): 1914-1918 La Grande Guerre; Bruxelles 1998; Antonella Astorri u. Patrizia Salvadori: Storia della Prima Guerra Mondiale, Fierenze 1999; Ivan T. Berend: History Derailed, Berkeley 2003; H. P. Willmot (Hg.): World War I, London 2008; A. A. Evans u. David Gibbons: The Compact Timeline of Military History, Cambridge 2009; Daniel Marc Segesser: Der Erste Weltkrieg in globaler Perspektive, Wiesbaden 2010; Manfried Rauchensteiner: Der Erste Weltkrieg und das Ende der Habsburgermonarchie, Wien 2013; Franz Uhler-Wettler: Der Krieg gestern-heute-und wie morgen?, Graz 2014; M. Christian Ortner: Die k.u.k. Armee und ihr letzter Krieg, Wien 2013; Hannes Leidinger, Verena Moritz, Karin Moser, Wolfram Dornik: Habsburgs schmutziger Krieg, St. Pölten 2014; Károlyi Bozsonyi u. István Zsalakó (Hg.): Illustrated Military History of Hungary, Budapest 2014.

[2] U.a.: Paolo Marzetti: La Guerra Italo-Austriaca 1915-1918, Parma 1991; Vladimir Dolínek, Vladimir Francev u. Jan Sach: Illustriertes Lexikon der Waffen im 1. und 2. Weltkrieg, Utting 2000; Jean Claude Demory et al.: Les Soldats de la Grande Guerre, Hachette 2002; Oswald Überegger u. Matthias Rettenwander: Leben im Krieg – Die Tiroler Heimatfront im Ersten Weltkrieg; Bozen 2004; Walter Musizza, Giovanni De Doná, Marco Rech: La Montagna Veneta, Feltre 2006; John Macdonald u. Zeljko Cimpic´: Caporetto and the Isonzo Campaign, Barnsley 2011; Jonathan North u. Jeremy Black: Uniforms of World War I, Wigston 2011; M. Christian Ortner u. Hermann Hinterstoisser: Die k.u.k. Armee im Ersten Weltkrieg (2 Bde.), Wien 2013; Helmut Konrad und Nicole-Melanie Goll: Die Steiermark und der Große Krieg, Graz 2014; Pia Bayer u. Dieter Szorger (Red.): Land im Krieg/Burgenland 1914-1918, Eisenstadt 2014; Oskar Dohle u. Thomas Mitterecker: Salzburg im Ersten Weltkrieg – fernab der Front und dennoch im Krieg, Wien 2014; Detlef A.Rose (Hg.): In Schußweite – Grüße aus den Dolomiten, München 2015.

gen der mit Fortschritt des Krieges immer prekärer werdenden Ernährungssituation der zivilen Bevölkerung vor allem der „Mittelmächte“ mit Schwerpunkt Österreich-Ungarn auseinanderzusetzen.

Das vorliegende Buch behandelt daher nicht die Truppenversorgung, sondern verschiedene Aspekte der Ernährung und Krisenbewältigung im Hinterland, ohne Anspruch auf umfassende Darstellung oder gar Vollständigkeit der Bearbeitung dieser äußerst komplexen Thematik.

Viele hier behandelte Beispiele zeigen durchaus wirkungsvolle Bemühungen, durch Weiter- und Wiederverwenden von Produkten, Vermeidung von Abfällen, Reparieren statt Neubeschaffen sowie Abkehr von Importware, die Ernährung der Bevölkerung im Krieg sicherzustellen. Aus heutiger Perspektive offenbart sich ein krasser Gegensatz zur opulenten Ressourcenverschwendung unserer Tage. Damit könnte auch ein Denkanstoß verbunden sein, unser gegenwärtiges Konsumverhalten zu hinterfragen – nicht nur, was unsere Essgewohnheiten anlangt, sondern auch den exorbitanten, immer weiter steigenden Verbrauch an Energie und Fläche.

Trotz aller Not der Menschen jener Tage zeigte sich, zumindest eine Zeit lang, ein insgesamt erstaunlich hoher Grad an Resilienz vor allem dort, wo lokale Kreisläufe unter Vermeidung langer Transportwege und situationsbedingte Genügsamkeit ebenso zum Tragen kamen, wie lokal oder regional mobilisierbare Alternativen zu gewohnter Ressourcennutzung. Dies wurde u. a. durch in weiten Kreisen der Bevölkerung vorhandene landwirtschaftliche Grundkenntnisse und eine relativ einfache Verfügbarmachung von Anbauflächen einschließlich Kleingartenanlagen in urbanen Räumen unterstützt. Zu Beginn des 20. Jahrhunderts war Österreich-Ungarn im Wesentlichen ein Agrarstaat mit einzelnen industriellen Zentren, deren bedeutendstes der Großraum Wien darstellte.[3] Bei Ausbruch des Krieges 1914 war in der Donaumonarchie noch ein ausreichender Grad an Selbstversorgung mit Grundnahrungsmitteln gegeben, der weniger durch Flächeneinbußen als durch kriegsbedingten Mangel an Arbeitskräften und Zugtieren drastisch zurückging. Demgegenüber sind wir heute selbst in wirtschaftlich prosperierenden Zeiten und weitgehend mechanisierter Landwirtschaft nicht mehr in der Lage, uns aus unserem eigenen Land zu ernähren und gewohnt, unseren Bedarf an Nahrung und sonstigen Bedarfsgütern aus anderen Ländern zu decken, die allerdings immer öfter aufgrund dort rasch anwachsender Bevölkerung und in weiten Teilen der Erde fortschreitender Wüstenbildung (Klimawandel) nicht unbegrenzt in der Lage sein werden, unsere Nachfrage zu befrie-

[3] Roman Sandgruber: Ökonomie und Politik – Österreichische Wirtschaftsgeschichte vom Mittelalter bis zur Gegenwart; Wien 1995, S. 311.

digen – ganz abgesehen vom legitimen Anspruch der Menschen in diesen Ländern, eine Anhebung ihres Lebensstandards zu erreichen. Die seit der Jahrtausendwende praktisch ungehemmt einsetzende ökonomische Globalisierung hat die weltweite Degradation der begrenzten Ressourcen Biodiversität, Boden und Wasser dramatisch beschleunigt.

Trotzdem versiegeln wir – und hier ist Österreich europaweit bedauerlicher Spitzenreiter – heute (2022) in Österreich täglich 13 ha fruchtbaren Bodens[4] für Verkehrsflächen, Einkaufszentren, Industrieparks, (Zweit-) Wohnflächen und Freizeiteinrichtungen wie Kunstrasen-Fußballplätze oder Speicherteiche von Beschneiungsanlagen.[5] Diese Art der Bodenzerstörung ist unumkehrbar, bedeutet doch dieser exploitative Verbrauch den dauerhaften Verlust biologisch produktiven Bodens und damit verbunden, abgesehen von Fragen der verringerten Hochwassersicherheit, des Biodiversitätsverlustes[6] und der Landschaftsverunstaltung[7], eine eklatante Abnahme der Versorgungssicherheit des Landes[8]. Die biologische Vielfalt (Biodiversität) ist essentielle Grundlage der Möglichkeit, nachwachsende Rohstoffe wie Nahrungsmittel oder Holz zu produzieren. Der eklatante globale, aber auch in Europa vor sich gehende Rückgang von Arten und Lebensräumen stellt eine akute Bedrohung der Ernährungssicherheit dar. Dem will die Europäische Union durch die EU-Biodiversitätsstrategie (COM(2020)380-final) entgegenwirken.[9] Nach Einschätzung der FAO (Ernährungs- und Landwirtschaftsorganisation der UN) sind 2000 m² bebaubaren fruchtbaren Bodens pro Einwohner der Erde das Minimum, um eine Versorgung mit Lebensmitteln dauerhaft sicherstellen zu können. Das globale Ernährungsproblem ist mit rasch anwachsender Weltbevölkerung bei gleichzeitig dramatischer Verringerung von Anbauflächen von einer Frage der Verteilungsgerechtigkeit zu einer des grundsätzlichen Versorgungspotentials geworden.[10] Die nachfolgenden Kapitel zur Ernährungslage im Ersten Weltkrieg sollen durchaus auch zum Nachdenken darüber anregen, ob in Hinblick auf künftige Krisenszenarien, gerade in Bezug auf die aktuelle Corona-Pandemie, den Krieg in der Ukraine mit der damit deutlich gewordenen Versorgungs- und Energiekrise sowie

---

[4] http://www.hagel.at/pressemeldungen (12.06.2021).

[5] https://www.umweltbundesamt.at/boden/flaecheninanspruchnahme (12.06.2021).

[6] BMLFuW (Hg): Biodiversitäts-Strategie Österreich 2020+ – Vielfalt erhalten, Lebensqualität und Wohlstand für uns und zukünftige Generationen sichern; Wien 2014.

[7] Tarek Leitner: Mut zur Schönheit – Streitschrift gegen die Verschandelung Österreichs; Wien 2012, S. 57 ff.

[8] https://www.umweltbundesamt.at/boden/flaecheninanspruchnahmen (12.06.2021).

[9] https://es.europa.eu/environment/strategy/biodiversity-strategy-2030-de (28.06.2020).

[10] Heinrich F. Wohlmayer: Zukunftskriminalität oder Blindheit? in: Josef Riegler, Hans W. Popp et al.: Land in Gefahr – Zukunftsstrategien für den Ländlichen Raum; Graz 2005, S. 117 f.

[11] Helga Kromp-Kolb u. Herbert Formayer: +2 Grad – Warum wir uns für die Rettung der Welt erwärmen sollten; Wien 2018, S. 55 ff; Wiener Zeitung Nr. 069 vom 9./10. April 2022 S. 4 f., S. 9 f.

den vor unseren Augen ablaufenden Klimawandel[11], inferiore Raumordnung und auf kurzfristigen Eigennutz Einzelner ausgerichtete Bodenpolitik zukunftsfähig sein können. Eindimensionale Gewinnoptimierung zerstört in der Gegenwart die Zukunft.

Zur Bearbeitung dieses sehr komplexen Themas wurden neben gerade in jüngerer Zeit zahlreich erschienenen Werken zum Ersten Weltkrieg u. a. Gesetze und Verordnungen für die im Reichsrat vertretenen Königreiche und Länder der Donaumonarchie, diverse Ortschroniken aus verschiedenen Bundesländern, zeitgenössische Medienberichte, Feldpostkarten und Dokumente ausgewertet. Es zeigte sich rasch, dass Krieg nicht nur auf den Kampf mit der Waffe und spätestens seit dem beginnenden 20. Jahrhundert nicht mehr örtlich auf die unmittelbaren Zonen des Gefechtsgeschehens beschränkt ist. Krieg erfasst praktisch alle Lebensbereiche und Bevölkerungsschichten der involvierten Staaten, verursacht Not und Leid, Hunger und Schmerzen.

Von besonderem Wert war, dass der Verfasser in den Siebzigerjahren des vorigen Jahrhunderts noch zahlreiche Gespräche mit Personen führen konnte, welche die Zeit des Ersten Weltkrieges als Jugendliche selbst erlebt hatten. Besonders gedacht sei hier seiner Großmutter Maria Hinterstoisser und ihrem Bruder Franz Kopf (Neuberg/Mürz), Auguste Bartosch und Maria Schettinz (Wien), Hildegard Fuchs (Wiener Neustadt) und Hedwig Eder (Zell am See).

Das vorliegende Buch soll nicht anklagen, sondern Fakten aufzeigen, seinerzeit getroffene Maßnahmen darstellen und Gründe für diese schildern, um durch Erinnern das Handeln der Menschen in der schwierigen Situation des Krieges verstehen zu helfen und vielleicht nutzbringende Schlüsse für heute abzuleiten. Der emeritierte Erzbischof von Salzburg, Dr. Alois Kothgasser, hat dazu 2004 einen treffenden Satz geprägt[12]: „Durch Erinnerung und nicht durch Verdrängung wird Versöhnung geschehen." Das sollte auch Versöhnung mit der eigenen Geschichte einschließen.

[12] „Österreichische Nachrichten" Heft 3/2004 zum Jubiläum 80 Jahre Rainermuseum; Salzburg

Kochen im Krieg – eine Einleitung

Kriege stellten stets eine außergewöhnliche Belastung für die von diesem buchstäblich katastrophalen Phänomen menschlicher Gesellschaften betroffenen Menschen dar. Noch im 19. Jahrhundert erfasste das Kriegsgeschehen, abgesehen von den Soldaten der (fast ausschließlich) Berufsarmeen, vornehmlich die Zivilbevölkerung jener Gebiete unmittelbar, in denen Truppendurchmärsche oder, noch schlimmer, die Kampfhandlungen selbst stattfanden. Das betraf aber zumeist relativ kleine Räume. Die fortschreitende Industrialisierung und weitgehende Etablierung von Wehrpflichtarmeen ab etwa der Mitte des 19. Jahrhunderts änderten dies grundlegend. Die Mobilisierung erfasste praktisch das gesamte Staatsgebiet. Aus fast jeder Familie wurden Väter, Brüder oder Söhne zum Militär eingezogen und in vielen Ländern, so auch in Österreich-Ungarn, erzwang eine alsbald einsetzende wirtschaftliche Notlage Ablieferungspflichten für Agrarprodukte und „kriegswichtige" Rohstoffe bzw. die Kontingentierung der Ressourcen.

Politik, Wirtschaftstreibende und Militärs der 1914 kriegführenden Nationen waren in völliger Verkennung der Gegebenheiten, insbesonders der radikalen Technisierung im ausgehenden 19. und beginnenden 20. Jahrhundert, von einer kurzen Kriegsdauer von maximal ein paar Monaten ausgegangen.[13] Entsprechend ungenügend – oder gar nicht vorhanden – war eine Bevorratung von Rohstoffen und Waren bei staatlichen Stellen und in der Privatwirtschaft gleichermaßen. Unterschätzt wurde auch die Importabhängigkeit bei verschiedenen Produkten wie Kautschuk oder diversen Metallen, welche für die Mittelmächte infolge der alliierten Seeblockade rasch drückend wurde.[14] Dazu kam eine Beschäftigungskrise in der Industrie und in der Landwirtschaft, denn die fachkundigen Arbeiter mussten sukzessive zum Militärdienst einrücken.[15] Die Abgabe von Pferden an das Militär traf die Landwirtschaft erheblich und führte dort zu empfindlichen Ertragsrückgängen, weil die Kapazität für den Ackerbau und die Einbringung der Ernte schwand.[16] In Österreich-Ungarn sank die Getreideernte bereits 1916 auf etwa die Hälfte des Vorkriegsniveaus und fiel 1917 noch weiter.[17]

---

[13] Dieter Storz: Kriegsbild und Rüstung vor 1914; Herford 1992, S. 243 u. 369 ff; dazu auch Christian Zentner: Illustrierte Geschichte des Ersten Weltkrieges; München 1980, S. 283 ff; Manfried Rauchensteiner: Der Tod des Doppeladlers; Wien 1994, S. 137; Rainer Liedtke: Geschichte Europas – von 1815 bis zur Gegenwart; Paderborn 2010, S. 27 f; Hannes Leidinger, Verena Moritz, Karin Moser, Wolfram Dornik: Habsburgs schmutziger Krieg, St. Pölten 2014, S. 49.

[14] Christian Zentner: Illustrierte Geschichte des Ersten Weltkrieges; München 1980, S. 286.

[15] Manfried Rauchensteiner: Der Tod des Doppeladlers; Wien 1994, S. 140.

[16] Brigitte Hamann: Der Erste Weltkrieg; München 2004, S. 72.

[17] Bernhard Denscher: Gold gab ich für Eisen, Wien 1987, S. 107.

Frauen bei der Heuernte. Archiv: H. Hinterstoisser.

Heute als kitschig empfundene Darstellungen (Postkarte) ließen die Ängste der Daheimgebliebenen patriotisch verklärt sichtbar werden. Archiv: H. Hinterstoisser.

Sujets und Art der Darstellungen waren in den kriegführenden Ländern sehr ähnlich, wie die Kriegspostkarten aus Großbritannien (oben) und Frankreich (rechts) zeigen. Archiv: H. Hinterstoisser.

Verschärft wurde die Lage durch die kriegsbedingten Einschränkungen im Bahnverkehr, weil selbst bei Vorhandensein von Produkten deren Verteilung immer schwieriger wurde. Demgegenüber konnte die Rüstungsindustrie erstaunlich schnell ausgeweitet werden. Neue Produktionszweige wie der Flugzeugbau mussten praktisch neu geschaffen werden. Mit dem raschen Ausbau der Automobilerzeugung versuchte man, den zunehmenden Pferdemangel zu substituieren. Doch die Front fraß Ausrüstung, Bekleidung, Waffen und Munition in rasant steigendem Ausmaß. Kriegswichtige Produktion hatte naturgemäß Vorrang vor allgemeinen Konsumgütern. Die Bevölkerung litt bald unter dramatischen Versorgungseinschränkungen. Zunehmender Arbeitskräftemangel, die alliierte Blockade der Seewege, der dramatische Rückgang der Agrarproduktion und die Schwächen des Transportwesens ließen vor allem bei den „Mittelmächten" Deutschland und Österreich-Ungarn eine ausgeprägte Mangelwirtschaft entstehen.[18]

Während die Konsumgüter-, Nahrungsmittel- und Textilindustrie, mit Fortdauer des Krieges auch die Papierindustrie, dramatische Produktionseinbrüche hinnehmen mussten, konnte die Schwerindustrie ihr Produktionsniveau zumindest einigermaßen beibehalten.[19] Allerdings stellte sich in manchen Sektoren die Frage nach der Rohstoffversorgung. Vor allem Buntmetalle fehlten bald, weshalb rigorose Maßnahmen wie die Beschlagnahmung von Kirchenglocken oder „patriotische Altmetallsammlungen" erfolgten, um den militärischen Bedarf zu decken.[20] Örtlichen Metallsammelaktionen fielen zahlreiche wertvolle Kunstgegenstände zum Opfer. Doch auch das Militär selbst beteiligte sich an der Buntmetallbeschaffung, indem zum Beispiel die seit 1888 eingeführten Leibriemenschließen aus Messing abgeführt und stattdessen solche aus feldgrau lackiertem Eisenblech ausgegeben wurden. 1917 wurden alle bei Erzeugern und Händlern lagernden Beschläge, Scharnierbänder, Fassspunde, Wasserhähne etc. aus Messing für „Kriegszwecke" gesetzlich beschlagnahmt.[21] Womöglich reaktivierte man auch alte Buntmetall-Bergbaue. Kupfer-, Nickel-, Kobalt-, Blei- und Zinkgruben wurden selbst in entlegenen Alpentälern angefahren.[22]

[18] Roman Sandgruber: Ökonomie und Politik – Österreichische Wirtschaftsgeschichte vom Mittelalter bis zur Gegenwart; Wien 1995, S. 319 f.
[19] Roman Sandgruber: Ökonomie und Politik – Österreichische Wirtschaftsgeschichte vom Mittelalter bis zur Gegenwart; Wien 1995, S. 321.
[20] Hermann Hinterstoisser: So zogen sie ins Feld; Golling 2005, S. 99; vgl. dazu Darstellungen in zahlreichen Ortschroniken, u. a. Andreas Karall: Geschichte der römisch-katholischen Pfarre Großpetersdorf (Burgenland); Oberwart 2000, S. 12; Fritz Hörmann (Hg.): Chronik von Werfen (Salzburg); Werfen 1987, S. 96; oder bei Manfried Rauchensteiner: Österreich-Ungarn und der Erste Weltkrieg; Graz 1998, S. 162 f ; Gyula Perger: Verstummte Glocken – Einsammlung der Glocken für militärische Zwecke in der Dözese Raab/Györ 1916/1918, in: Rudolf Kropf (Hg.) u. Evelyn Fertl (Red.): Der Erste Weltkrieg an der „Heimatfront", Eisenstadt 2014, S. 95 ff.
[21] RGBl. Jg. 1917 Nr. 403, Verordnung des Ministeriums für Landesverteidigung vom 10. Oktober 1917
[22] Wilhelm Günther (Hg.): Salzburgs Bergbau und Hüttenwesen im Wandel der Zeit – Buntmetalle und stahlveredelnde Metalle; Leogang 2007, u. a. S. 46, 205, 259, 296

Kriegsmetallsammlung. Archiv: H. Hinterstoisser.

Der Krieg kommt in die Küche: Ersatz für die Messing-Mörser, „Kriegsmörser" aus Keramik. Foto: H. Hinterstoisser.

Patriotische Teller – der Krieg hielt Einzug in die Küche; Wilhelmsburger Keramik. Die Teller konnten ihrem eigentlichen Zweck entsprechend benutzt oder als Wandschmuck aufgehängt werden. Foto: H. Hinterstoisser.

Militärische Szenen auf Tellern waren auch in anderen Ländern üblich, wie die Beispiele aus Deutschland und Frankreich zeigen. Foto: H. Hinterstoisser.

Zunehmend prekär entwickelte sich die Kohlenversorgung. Bereits 1915 wurde in der ungarischen Reichshälfte Kohlenmangel konstatiert, zumal die zuteilungsfähigen Vorräte hauptsächlich von der Bahnverwaltung beansprucht wurden, um ihren kaum noch bewältigbaren Transportaufgaben nachkommen zu können.[23] Die privaten Haushalte wurden wiederholt aufgerufen, Wollsachen und sonstige Textilien, Lederschuhe, Glas, vor allem aber Gebrauchsgegenstände aus Buntmetallen, vornehmlich Messinggegenstände wie Kerzenleuchter und Mörser abzuliefern.[24] Da letztere für den Küchenbetrieb unerlässlich waren, konnte man statt der Mörser aus Messing solche aus Gusseisen oder Keramik bekommen, die oftmals mit patriotischen Sprüchen oder der Angabe des Kriegsjahres versehen waren.

[23] Salzburger Chronik 51. Jg., Nr. 205 vom 8. September 1915, S. 8.
[24] Bernard Denscher: Gold gab ich für Eisen; Wien 1987, S. 96 f.

Mangel und gesetzliche Regelungen

Die geopolitische Entwicklung Europas ließ bereits im ausgehenden 19. und vermehrt im beginnenden 20. Jahrhundert Spannungen zwischen den großen Staaten erkennen. Handels- und Marinepolitik, Kolonialfragen, nationale und soziale Ungleichgewichtigkeiten zwischen und innerhalb verschiedener Länder äußerten sich in verschiedenen Krisen. In Vorbereitung auf mögliche Konfliktfälle hatte man in Österreich-Ungarn bereits 1912 mit dem „Kriegsleistungsgesetz" Vorkehrungen getroffen, um die Wirtschaftskraft des Landes im Kriegsfall auf militärische Erfordernisse auszurichten.[25] Dies umfasste etwa eine Arbeitspflicht für die männliche Bevölkerung bis zum 50. Lebensjahr und die Möglichkeit, im Kriegsfall bestimmte Schlüsselindustrien (z. B. Waffen- und Munitionsfabriken), den Kohlenbergbau oder die Metallindustrie unter Heeresverwaltung zu stellen.[26] Das Gesetz sah allerdings explizit vor, dass die Maßnahmen nur *„auf die Dauer einer kriegerischen Bedrohung oder eines ausgebrochenen Krieges"* in Anspruch genommen werden durften und auch dann nur *„insofern die diesbezüglichen Erfordernisse der bewaffneten Macht im normalen Wege, das heißt nach den im Frieden üblichen Modalitäten, nicht rechtzeitig oder aber nur mit einem unverhältnismäßig größeren Kostenaufwand zu beschaffen wären"*[27]. Die Anforderung von Kriegsleistungen war auf den unbedingten Bedarf zu beschränken.[28] Bezüglich persönlicher Dienstleistungen war eine Reihe von Befreiungen, etwa für Landwirte, vorgesehen. Besitzer von Kraftfahrzeugen, Wasser- und Luftfahrzeugen konnten verpflichtet werden, diese zum Zwecke der Kriegsführung dem Militär zu überlassen.[29] Die exzessive Auslegung der Gesetzesbestimmungen ab Kriegsausbruch 1914 verlieh der Anwendung derselben im Laufe des Krieges diktatorische Züge.[30] Die rechtlichen Regelungen waren in der Sache nicht unverständlich, doch trugen die weitreichenden Möglichkeiten, die der Bürokratie durch die Verordnungsermächtigungen eingeräumt wurden den Keim einer Despotie im Sinne Hannah Arendts in sich[31], die im weiteren Kriegsverlauf eine zunehmende Einflussnahme des Militärs auf den Alltag der Menschen ermöglichte. Allerdings war diese Macht nicht unbegrenzt und ex lege mit der – freilich

[25] RGBl. Jg.1912 Nr. 236; Gesetz vom 26. Dezember 1912 betreffend Kriegsdienstleistung.

[26] Hans Hartmann: Wesen und Folgen der Österreichischen Kriegsdiktatur 1914-1917, in: Rudolf Kropf (Hg.) u. Evelyn Fertl (Red.): Der Erste Weltkrieg an der „Heimatfront"; Eisenstadt 2014, S. 72.

[27] RGBl. Jg.1912 Nr. 236, § 1.

[28] RGBl. Jg.1912 Nr. 236, § 2.

[29] RGBl. Jg.1912 Nr .236, § 11 u. 12.

[30] Hans Hartmann: Wesen und Folgen der Österreichischen Kriegsdiktatur 1914-1917, in: Rudolf Kropf (Hg.) u. Evelyn Fertl (Red.): Der Erste Weltkrieg an der „Heimatfront"; Eisenstadt 2014, S. 73.

[31] Hannah Arendt: Elemente und Ursprünge totaler Herrschaft, Bd. 2; Ulm 1975, S. 188 f.

unabsehbaren – Dauer des Kriegszustandes zeitlich begrenzt. Das Militär hielt sich nicht immer an die Vorgaben und requirierte beispielsweise in Südtirol Pferde und Zugochsen unter Umgehung der zivilen Behörden.[32]

Die Regierung Österreich-Ungarns reagierte 1914 auf die Verknappung von Gütern mit rigorosen rechtlichen Regelungen. Bereits am 1. August 1914 wurde eine kaiserliche Verordnung erlassen, mit welcher „für die Dauer der durch den Kriegszustand verursachten außerordentlichen Verhältnisse" Bestimmungen über die Versorgung der Bevölkerung mit unentbehrlichen Bedarfsgütern getroffen wurden.[33] Zu diesen Gütern zählten vor allem Lebensmittel, aber auch Futter für Haustiere. Händler und Lagerhäuser mussten ihre verfügbaren Vorräte der Behörde anzeigen. Die kaiserliche Verordnung vom 10. Oktober 1914 ermächtigte die Regierung, als notwendig erachtete Verfügungen auf wirtschaftlichem Gebiet zu treffen.[34] Gegenstand von darauf basierenden Verordnungen konnten Maßnahmen zur Förderung des wirtschaftlichen Lebens, insbesondere der Landwirtschaft, der Industrie, des Handels und Gewerbes sowie Verfügungen zur Versorgung der Bevölkerung sein. Die kaiserliche Verordnung stellte eine weitreichende Grundlage für folgende kriegsbedingte Verordnungen dar. Eigens festgelegt wurde, dass die Gemeinden zur Mitwirkung bei der Durchführung entsprechender Maßnahmen verpflichtet werden können.[35]

Inzwischen hatten gewissenlose Geschäftemacher und Spekulanten Preise für knappe Güter einschließlich Wohnraum in schwindelnde Höhen getrieben. Als Gegenmaßnahme stellte eine kaiserliche Verordnung vom 14. Oktober 1914 Wucher unter Strafe, „wucherische Verträge" wurden ex lege mit Nichtigkeit bedroht.[36] Auf Grundlage der Verordnung vom 10. Oktober 1914 erfolgte schon Ende dieses Monats „auf Dauer der durch den Kriegszustand verursachten außerordentlichen Verhältnisse" eine Einschränkung der Verwendung von Weizen- und Roggenmehl bei der gewerbsmäßigen Broterzeugung: die Mehlmischungen durften höchstens 70 Prozent Weizen-/und oder Roggenmehl beinhalten, der Rest hatte aus Gersten-, Mais- oder Kartoffelmehl zu bestehen.[37]

Alsbald folgten Preisregelungen wie die Festsetzung von Höchstpreisen für Mehl[38], Kartoffeln[39] oder Hafer[40]. Das Schlachten von Kälbern und

---

[32] Oswald Überegger u. Matthias Rettenwander: Leben im Krieg – Die Tiroler Heimatfront im Ersten Weltkrieg; Bozen 2004, S. 89.
[33] RGBl. Jg. 1914 Nr. 194 vom 1. August 1914.
[34] RGBl. Jg. 1914 Nr. 274 vom 10. Oktober 1914.
[35] RGBl. Jg. 1914 Nr. 274 vom 10. Oktober 1914, Art.1.
[36] RGBl. Jg. 1914 Nr. 275 vom 14. Oktober 1914.
[37] RGBl. Jg. 1914 Nr. 301 vom 31. Oktober 1914.
[38] RGBl.Jg. 1914 Nr. 325 vom 28. November 1914.
[39] RGBl. Jg. 1914 Nr. 345 vom 19. Dezember 1914.
[40] RGBl. Jg. 1914 Nr. 347 vom 21. Dezember 1914.

Jungvieh wurde ab Mitte Oktober eingeschränkt[41], die Schlachtung trächtiger Rinder und Schweine gänzlich verboten.[42] Sobald die dirigistischen Maßnahmen in Kraft waren, verschwanden viele Produkte vom Markt - bzw. waren sie nur noch zu überhöhten Preisen am Schwarzmarkt zu bekommen.[43] Ab 1915 wurden Bezugscheine für Mehl eingeführt. In weiterer Folge gab es immer rigorosere Einschränkungen betreffend Nahrungsmittel und Rohstoffe. Streng geregelt wurde der Verkehr mit Milch, Rahm und Butter, die zur gewerblichen Erzeugung von Speiseeis, Schokoladen, Confiseriewaren oder chemotechnischen Produkten (z. B. Farben) nicht mehr verwendet werden durften.[44] Sogar die Biererzeugung wurde ab 1915 beschränkt.[45] Vorräte an Schafwolle und Leder sowie Bedarfsmaterialien der Lederindustrie mussten den Behörden bekanntgegeben werden[46], ebenso Vorräte an Baumwolle, Tuchen und Männerbekleidung.[47]

Brachliegende Grundstücke, auf denen bis zum 15. April 1915 von den hiezu Berechtigten (Eigentümer, Bewirtschafter) keine vorbereitenden Arbeiten für den Frühjahrsanbau gemacht waren, konnten von den jeweiligen Gemeinden mit (Feld-)Früchten, die der Nahrung von Menschen oder Tieren dienen, bebaut werden. Machte eine Gemeinde davon bis 23. April keinen Gebrauch, konnte die Bezirksbehörde Nachbargemeinden oder dritten Personen die Bebauung solcher Grundstücke gestatten. Der erzielte Ertrag gehörte dem Bebauer.[48] Ähnliche Regelungen zur Sicherstellung einer optimalen Nutzung vorhandener Agrarflächen gab es auch in den Folgejahren (Sicherstellung der Feldbestellungsarbeiten), wobei aber mehr Bedacht auf die jeweiligen Umstände, etwa die Kriegsdienstleistung von Bauern, Mangel an Zugtieren usw. genommen wurde.[49] Die Verheimlichung von Vorräten wurde unter Strafe gestellt, ebenso die Verweigerung von Ablieferungspflichten.[50] Dessen ungeachtet wurde über die Zeitungen immer wieder versucht Optimismus zu verbreiten. Am 8. September 1915 berichtete etwa die „Salzburger Chronik" nach den lokalen österreichisch-ungarischen Siegen bei Podkamien und Radziwilow[51] in realitätsfremder Euphorie, dass der „Aushungerungsplan" der Feindmächte nun gescheitert sei: *„Nachdem unsere Speicher und Vorratskammern*

[41] RGBl. Jg.1914 Nr.285 vom 14. Oktober 1914.
[42] RGBl. Jg.1914 Nr.353 vom 23. Dezember 1914.
[43] Manfred Rauchensteiner: Der Tod des Doppeladlers; Wien 1994, S. 144.
[44] RGBl. Jg.1915 Nr.345 vom 26. November 1915.
[45] RGBl. Jg.1915 Nr.153 und 346 vom 6.Juni bzw. 25.November 1915.
[46] RGBl. Jg.1915 Nr. 53 vom 4. März 1915.
[47] RGBl. Jg.1915 Nr.356 und 357 vom 6. Dezember 1915.
[48] RGBl. Jg.1915 Nr.55 vom 3. März 1915.
[49] RGBl. Jg.1916 Nr.59 vom 1. März 1916.
[50] RGBl. Jg.1916 Nr.261 vom 21. August 1916.
[51] 2. Armee Böhm-Ermolli.

wieder mit Früchten gefüllt sind, können wir heute nach einem Kriegsjahr ruhig erklären, daß wir den Sieg über den Aushungerungsplan unserer Feinde bereits davon getragen haben… .Mit Recht nannte der Ackerbauminister den Sieg der Volkswirtschaft nicht minder bedeutsam, wie den Erfolg unserer ruhmesgekrönten Waffen"[52]. Die Hoffnungen sollten sich bald als Illusion erweisen.

Schuhe, Kleidung, Gerätschaften und vor allem Nahrungsmittel waren bald nur noch gegen Bezugsscheine zu kaufen - wenn man sie überhaupt noch bekam. Denn die Verknappung schritt mit der Dauer des Krieges massiv voran. Bereits 1915 kam es zu Engpässen bei den Mehlvorräten. Dazu kamen Fleischrationierungen. 1916 waren Konsumenten zum Bezug von Mahlprodukten (Brot, Meh etc.) nur in einer Menge von maximal 1 kg für 14 Tage berechtigt. Körperlich schwer arbeitenden Personen wurde eine Verbrauchsmenge von 300 Gramm Mahlprodukten oder 366 Gramm Getreide pro Tag zugebilligt. Für alle solchen Produkte waren „amtliche Ausweise für den Verbrauch" (Bezugsscheine) erforderlich.[53] Schon im April 1915 fanden im Trentino Frauendemonstrationen statt, die eine allgemeine Unzufriedenheit mit der Situation, nicht zuletzt infolge steigender Verlustzahlen manifestierte.[54] Im Winter 1916/17 kam es in einigen Landesteilen bereits zu effektiven Hungersnöten[55], ersten Hungerkravallen und Streiks, so etwa 1917 in Hallein, Salzburg[56] oder Steyr[57]. Die zugewiesenen Mehlquoten sanken bis 1917 auf 200 Gramm, 1918 gar auf nur noch 165 Gramm pro Tag für einen „Normalverbraucher", für Schwerarbeiter auf 300 Gramm bzw. 264 Gramm pro Tag.[58] Das k.k. Handelsministerium erließ Vorschriften zur Streckung der Mehlvorräte.[59] Die Verordnung galt bis zum Inkrafttreten des „Kriegswirtschaftlichen Ermächtigungsgesetzes" vom 24. Juli 1917.[60] Statt von Beginn des Krieges an die vorhandenen Ressourcen vorausschauend und strukturiert zu bewirtschaften, hatte man iterativ und zögerlich auf bereits eingetretene

---

[52] Salzburger Chronik 51. Jg., Nr. 205 vom 8. September 1915, S. 1.

[53] RGBl. Jg. 1916 Nr. 15 vom 15. Jänner 1916.

[54] Oswald Überegger u. Matthias Rettenwander: Die Tiroler Heimatfront im Ersten Weltkrieg; Bozen 2004, S. 198.

[55] Z. B. René Harather: Otterthal (Niederösterreich) - Von den Anfängen bis zur Gegenwart; Otterthal 2003, S. 85.

[56] Friederike Zaisberger: Geschichte Salzburgs; Wien 1998, S. 272 und Susanne Rolinek: „Soldatinnen" der Heimatfront, in: Oskar Dohle und Thomas Mitterecker (Hg.): Salzburg im Ersten Weltkrieg; Wien 2014, S. 104.

[57] Severin Heinisch und Ulrike Weber-Felber: Excesse und Insulten, in: Rudolf Kropf (Hg.): Arbeit, Mensch, Maschine - Der Weg in die Industriegesellschaft; Linz 1987, S. 167.

[58] R. G. Plaschka, H. Haselsteiner; A. Suppan. Innere Front, Band I; Wien 1974, S. 54.

[59] Manfried Rauchensteiner: Der Tod des Doppelalders; Wien 1994, S. 145.

[60] RGBl. Jg. 1917 Nr. 307, Gesetz vom 24. Juli 1917 mit welchem die Regierung ermächtigt wird, , aus Anlass der durch den Kriegszustand verursachten außerordentlichen Verhältnisse die notwendigen Verfügungen auf wirtschaftlichem Gebiete zu treffen („Kriegswirtschaftliches Ermächtigungsgesetz").

Verknappungen reagiert, um schließlich doch zentrale Wirtschaftsmaßnahmen umsetzen zu müssen. Damit hinkte man der tatsächlichen Entwicklung stets hinterher.

Verschärft wurde die Lage durch die mit Fortdauer des Krieges anwachsende Zahl an Kriegsgefangenen und die vielen aus den Kampfgebieten evakuierten Binnenflüchtlinge. Bis Herbst 2017 galt es, mehr als eineinhalb Millionen kriegsgefangener Russen, Serben, Montenegriner und Italiener zu verpflegen.[61]

Ausgabe von Brot im Kriegsgefangenenlager Grödig 1917. Archiv: H. Hinterstoisser.

In den von österreichisch-ungarischen Truppen besetzten Gebieten übernahm die k.u.k. Armee phasenweise die kurzfristige Versorgung der örtlichen Bevölkerung.[62] Wenig beachtet ist das Schicksal der Bewohner/Bewohnerinnen der unmittelbaren Kriegsgebiete. Dies war in vielen Fällen wohl begründet. So wurden zahlreiche Orte beiderseits der Frontli-

[61] Manfried Rauchensteiner: Österreich-Ungarn und der Erste Weltkrieg, Graz 1998, S. 172, dazu auch: Julia Welleczek-Fritz: Kriegsgefangene im Kronland Salzburg, in: Oskar Dohle u. Thomas Mitterecker: Salzburg im Ersten Weltkrieg; Wien 2014, S. 153 ff.

[62] Manfried Rauchensteiner: Österreich-Ungarn und der Erste Weltkrieg; Graz 1998, S. 146.

nien durch Kampfhandlungen arg in Mitleidenschaft gezogen oder ganz zerstört. Bekannte Beispiele dafür sind die durch italienischen Artilleriebeschuss hervorgerufenen schweren Schäden im Südtiroler Dorf Sexten (1915) am Fuß der Dolomiten und die Zerstörungen der historischen Stadt Görz und ihrer Umgebung im Zuge der Isonzoschlachten.[63] Auch in Galizien und der Bukowina hatten die Kampfhandlungen schwere Zerstörungen ziviler Einrichtungen und Siedlungen zur Folge. Oft genug war das Argument, Zivilpersonen (in der Regel StaatsbürgerInnen Österreich-Ungarns) aus potentiellen Aufmarsch- und Gefechtszonen zu ihrer Sicherheit vorübergehend ins Hinterland zu verlegen ein Vorwand, um mögliche Unterstützer der Angreifer unter Kontrolle zu haben. Dies betraf vor allem Teile der italienischsprachigen Bevölkerung Österreich-Ungarns in den Südalpen und Ruthenen in Galizien und der Bukowina. In Lagern zusammengepfercht und auf die zugewiesenen Rationen angewiesen litten sie oft bitterste Not.[64]

Durch italienischen Artilleriebeschuß an der Isonzofront zerstörte Ortschaft bei Görz. Archiv: H. Hinterstoisser.

[63] BMfH und Kriegsarchiv (Hg), Edmund Glaise-Horstenau (Red.): Österreich-Ungarns Letzter Krieg 1914-1918, Band III, Wien 1932, S. 454 ff., S. 469 ff. und S. 503 f.

[64] Nicole Melanie Goll: Verdächtigt-verschleppt-vergessen, Die Ruthenen und das „Russophilen"-Zivilinterniertenlager Thalerhof bei Graz 1914-1917, in: Erwin A. Schmidl (Hg.): Zwischen Verwahrung und Mord, manipulierte Sicherheit in drei Systemen (Zeitgeschichte 37. Jg. Heft 5), Innsbruck 2010, S. 269-284; ergänzend Wolfgang Ludwig: Mildherzige Teilnahme, in: Wiener Zeitung vom 16./17. November 2019, S. 36.

Galizische Flüchtlinge 1914. Archiv: H. Hinterstoisser.

Ruthenische (ukrainische) Bäuerinnen versuchen in den Ruinen ihres nach den Kampfhandlungen zwischen österreichisch-ungarischen und zaristisch-russischen Truppen zerstörten Anwesens ein Essen zu kochen. Archiv: H. Hinterstoisser.

Ausgabe von Brot an Binnenflüchtlinge durch Angehörige des k.u.k. Heeres und eine „Armeeschwester" des Roten Kreuzes (ganz rechts) 1915. Archiv: H. Hinterstoisser.

Ausspeisung von Kindern im nach der Durchbruchsschlacht von Flitsch-Tolmein 1917 von Truppen der k.u.k. Armee besetzten Venetien. Archiv: H. Hinterstoisser.

Zur Finanzierung des Krieges legte der Staat „Kriegsanleihen" auf, die zu zeichnen als Bürgerpflicht angesehen wurde.[65] Mit dem Kriegsende wertlos geworden, kamen unzählige, vor allem mittelständische Familien dadurch um ihr Vermögen.

1000 1000

1000 K №375,871

SECHSTE ÖSTERR. KRIEGSANLEIHE

FÜNFEINHALBPROZENTIGER

STAATSSCHATZSCHEIN

ÜBER

EINTAUSEND KRONEN

Die k. k. Staatszentralkasse in Wien zahlt an den Inhaber dieses auf Grund der kaiserlichen Verordnung vom 4. August 1914, R. G. Bl. Nr. 202, ausgegebenen Staatsschatzscheines am 1. Mai 1927 den Betrag von Eintausend Kronen. Der k. k. Staatsverwaltung ist das Recht vorbehalten, die Schatzscheinanleihe auch vor dem 1. Mai 1927 unter Einhaltung einer dreimonatigen Kündigungsfrist zum Nennwerte ganz oder teilweise zurückzuzahlen. Die Kündigung wird in der amtlichen „Wiener Zeitung" verlautbart werden. Dieser Staatsschatzschein wird mit jährlich fünfeinhalb Prozent verzinst; die Zahlung der Zinsen erfolgt ohne jeden Steuer-, Gebühren- oder sonstigen Abzug am 1. Mai und am 1. November jeden Jahres nachhinein an den Inhaber der zu diesem Staatsschatzscheine gehörigen Coupons bei der k. k. Staatszentralkasse in Wien. Der Anspruch aus diesem Staatsschatzscheine erlischt durch Verjährung in Ansehung des Kapitals binnen dreißig Jahren, in Ansehung der Zinsen binnen sechs Jahren vom Fälligkeitstermine an. Dieser Staatsschatzschein ist mit 20 halbjährigen Coupons versehen, von denen der erste am 1. November 1917, der letzte am 1. Mai 1927 fällig wird.

Wien, am 1. Mai 1917. Der k. k. Finanzminister:

Diese Schuldverschreibung ist in dem Hauptbuche der Staatsschuld eingetragen.

Für die Staatsschulden-Kontrollkommission des Reichsrates:

Staatsschatzschein der 6. Österreichischen Kriegsanleihe vom 1. Mai 1917.

[65] RGBl. Jg.1917, Nr. 179 und 280; Vorordnungen des Finanz-, Justiz- und Handelsministeriums vom 23. Mai bzw. 20. Juni 1917.

Geradezu symbolisch wurde die Praxis, für gespendete goldene Eheringe solche aus materiell wertlosem Eisen zu bekommen („Gold gab ich für Eisen")[66], damit aber seiner patriotischen Gesinnung sichtbaren Ausdruck zu verleihen. Diesem Zweck dienten auch, oft mit Geldspenden für karitative Zwecke verbunden, zum Kauf angebotene patriotische Abzeichen, Broschen, Manschettenknöpfe u. dgl., die bisweilen durchaus kunstvoll gearbeitet, vielfach aber als bloß billige Massenware produziert waren.[67]

Patriotrische Abzeichen zeugten u.a. von der Verbundenheit mit dem Land bzw. Monarchen (rechts oben, unten Mitte), beschworen die „Waffenbrüderschaft" mit den Verbündeten (oben links, unten links), zeigten religiöse Bezüge (unten rechts) oder bekundeten Spenden für wohltätige Organisationen (links außen). Foto: H. Hinterstoisser.

[66] Peter Fritz und Christian Rapp (Red.): Jubel und Elend – Leben mit dem großen Krieg 1914-1918; Schallaburg 2014, S. 135.
[67] Tristan Loidl: Andenken aus Eiserner Zeit; Wien 2010.

Kriegsfürsorge

Bereits zu Beginn des Krieges war das zum k.k. Innenministerium ressortierende „Kriegshilfsbüro" gegründet worden.[68] Dieses koordinierte eine Zentralisierung der „Fürsorgeaktionen". Alle Angelegenheiten, welche Verwundete und Kranke der Armee betrafen, waren von der österreichischen Gesellschaft des Roten Kreuzes zu erledigen. Spenden waren an dessen Zentrale in Wien bzw. die jeweiligen Landesvereine des Roten Kreuzes zu richten. Für die Unterstützung der Familien der Eingerückten wurde ein „Kriegshilfsfonds" geschaffen. Zentralstelle dafür war das Kriegshilfsbüro des Ministeriums des Inneren, doch wurde bei jeder politischen Landesstelle ein eigener „Kriegshilfsfonds" gebildet. Beide Einrichtungen nahmen Spenden entgegen. Hierzu wurden zum Beispiel patriotische Postkarten, Abzeichen, Verschlussmarken und dergleichen verkauft.[69] Andere Anliegen, wie etwa die Sammlung von Geld für die Angehörigen von Gefallenen, Naturalspenden für die Soldaten u. dgl. wurden im Kriegsfürsorgeamt des k.u.k. Kriegsministeriums administriert.[70]

Es stellte sich freilich bald heraus, dass das soziale Netz enger geknüpft werden musste. Zur Vermeidung von Missbrauch wurde die Abhaltung von privaten Haus- und Straßensammlungen verboten, die Aufstellung behördlich plombierter Sammelbüchsen z. B. in Gaststätten jedoch erlaubt[71] Eine Vielzahl privater, oft von hochgestellten Persönlichkeiten des öffentlichen Lebens als „Protektoren" oder „Ehrenpräsidenten/innen" unterstützten Organisationen, entfalteten eine respektable karitative Tätigkeit auf seriöser Basis. Besonders aktiv war das „Schwarz-Gelbe Kreuz", welches Geld für die Ausspeisung Bedürftiger durch den Verkauf von Abzeichen, „Kriegssäckchen" und dergleichen aufbrachte und mit privaten Firmen zusammenarbeitete: Gegen einen Anteil am Verkaufserlös durften letztere das Emblem des „Schwarz-Gelben Kreuzes" an ihren Produkten anbringen und so einerseits ihrer patriotischen Gesinnung Ausdruck verleihen und dem Käufer/der Käuferin gleichzeitig signalisieren, mit dem Erwerb ihrer Produkte eine soziale Tat gesetzt zu haben.[72]

---

[68] VOBl. des k.k. Ministeriums des Inneren Nr. 14 ex 1914, Beilage.

[69] Peter Fritz u. Christian Rapp (Red.): Jubel und Elend – Leben mit dem Großen Krieg 1914-1918; Schallaburg 2014, S. 78 ff; detailliert bei: Tristan Loidl: Andenken aus eiserner Zeit; Verlag Militaria Wien 2010.

[70] VOBl. des k.k. Ministeriums für Inneres, Nr. 14 ex 1914; Kundmachung des Kriegshilfsbüros des Ministeriums des Inneren vom 4. August 1914, S. 2.

[71] ÖStA-MI 1914; Erlass des k.k. Ministers des Inneren vom 12. August 1914, Zl. 9952/M.I.

[72] Marianne Jobst-Rieder, Alfred Pfabigan, Manfred Wagner: Das letzte Vivat; Wien 1995, S. 89.

Spendensäckchen des Schwarz-Gelben Kreuzes. Foto: H. Hinterstoisser.

Spendensäckchen des Österreichischen Roten Kreuzes. Foto: H. Hinterstoisser.

Krieg heißt Not

Nachdem Galizien und die Bukowina, Kornkammern der Donaumonarchie, 1914 großteils von Russland erobert worden waren, blieben die Lebensmittellieferungen von dort aus. Gleichzeitig sperrte Ungarn Getreideausfuhren in den Westteil der Monarchie.[73] Versorgungsengpässe waren unvermeidlich. Wo immer möglich, versuchte die Bevölkerung sich selbst zu helfen. In Vorgärten, auf Balkons und in den Parks der Großstädte wurde Gemüse gepflanzt, auf Ruderalflächen Brennnesseln als Spinatersatz und eifrig andere genießbare Kräuter wie Bärlauch, Giersch, Löwenzahnblätter, Sauerampfer und Spitzwegerich gepflückt.[74]

Die Haushaltsführung wurde zur extremen Belastung vor allem der Frauen im Hinterland des Krieges. Sie mussten sich nicht nur um Kindererziehung, gegebenenfalls den Weiterbestand von Handwerks- oder Handelsbetrieben, den Arbeitseinsatz in Fabriken oder in der Landwirtschaft, sondern auch um die tägliche Versorgung ihrer Familien mit Nahrungsmitteln und sonstigen Bedarfsgütern kümmern. In kleinbäuerlichen Betrieben, wie sie u. a. im Alpenraum weit verbreitet waren (und sind), war Kinderarbeit üblich. Eine 80-Stunden Arbeitswoche galt für die Bäuerin nicht als unüblich.[75] Neben Haushalt und Kindererziehung waren Stall- und Feldarbeit mit zu erledigen, ebenso saisonal unterschiedliche Nebentätigkeiten wie Korbflechten, Spinnen, Stricken und andere Handarbeiten, die einen hohen Selbstversorgungsgrad mit Bedarfsgütern ermöglichten.

Frauen mussten zudem weitgehend die an der Front kämpfenden Männer in der Arbeitswelt ersetzen[76], um den durch Einberufungen zum Militär hervorgerufenen Arbeitskräftemangel zu kompensieren und gleichzeitig sich und ihre Angehörigen vor Verarmung, Hunger und Kälte zu retten.[77] Immerhin wurde Witwen die Übernahme von Gewerbebetrieben erleichtert.[78] Die neuen Herausforderungen erforderten nicht nur hohe Anpassungsfähigkeit und Organisationstalent, sondern zudem die Fähigkeit, ständige Angst um Ehemänner, Brüder und Söhne zu bewältigen. Und mit fortschreitendem Krieg immer häufiger auch die Trauer um gefallene Angehörige. Viele der abertausenden Fabrikarbeiterinnen waren Soldatenfrauen oder Kriegerwitwen mit Kindern, die nun gegen kargen Lohn Arbeit in Rüstungsbetrieben, Uniformschneidereien, Konservenfabriken usw. annehmen mussten. In Industrieorten litt die Bevölkerung un-

[73] Manfried Rauchensteiner: Der Tod des Doppeladlers; Wien 1994, S. 144.
[74] Brigitte Hamann: Der Erste Weltkrieg; München 2004, S. 72.
[75] Herbert Schiff u. Karl Bochsbichler: Die Bergbauern; Wien 1977, S. 32 f.
[76] Wolfgang Heitzmann(Hg.): Die Eisenstraße; Linz 1987, S. 150 f.
[77] Franz Kaindl (Hg.): Die Frau im Krieg; Begleitheft zur Ausstellung des HGM; Wien 1986, S. 1.
[78] RGBl. Jg. 1915 Nr. 364, kaiserliche Verordnung vom 7. Dezember 1915, § 10.

ter einer Ausweitung der Arbeitszeit in kriegswichtigen Betrieben.[79] Zur harten, häufig ungesunden Fabrikarbeit kamen die täglichen Wege mit immer schlechter funktionierenden öffentlichen Verkehrsmitteln (wenn es solche überhaupt noch gab), mangelhaftes Essen und die quälende Sorge um alleingelassene Kinder, kranke oder alte Angehörige daheim.[80]

Arbeiterinnen bei der Geschossadjustierung in den Skoda-Werken, Pilsen (aus: Kaiser-Huldigungs-Nummer der Österr. Illustrierten Zeitung, Wien 1917).

Arbeiterinnen bei der Erzeugung von schußsicheren Panzerblechen, Poldihütte Kladno (aus: Kaiser-Hudigungs-Nummer der Österr. Illustrierten Zeitung, Wien 1917).

[79] Othmar Pickl u. Walter Kanzler: Geschichte des Klosters und der Marktgemeinde Neuberg an der Mürz; Neuberg 1996, S. 209.
[80] Brigitte Hamann: Der Erste Weltkrieg; München 2004, S. 74.

Scheinbare Idylle: Dienstboten und russische Kriegsgefangene in einer Arbeitspause in der Landwirtschaft. Archiv: H. Hinterstoisser.

In der Landwirtschaft lasteten meist Kindererziehung und Betriebsführung auf den Schultern der Bäuerinnen. Archiv: H. Hinterstoisser.

Dazu kamen weiterhin wiederholte Aufrufe und steigender Gruppendruck, Materialien wie Haushaltsgegenstände aus Metall, Kleidung oder Decken zu spenden und sich womöglich noch in karitativen Vereinen für die Herstellung von „Liebesgaben für die Front", Verwundetenpflege oder Waisenversorgung zu engagieren.

Das staatliche Fürsorgesystem war nicht kriegstauglich ausgebildet. So lag die Last zur Linderung der ärgsten Not bei karitativen Einrichtungen wie Wohltätigkeitsvereinen, oft genug auf den Schultern jener, die selbst immer mehr in Not gerieten: Frauen, die als Arbeiterinnen einen kärglichen Lebensunterhalt für sich und ihre Kinder verdienen mussten, Gewerbetreibende, die Ladengeschäfte und Handwerksbetriebe aufrecht erhielten, Lehrerinnen, Verwaltungsbeamtinnen und Frauen von Angestellten, deren Löhne und Gehälter bei weitem nicht mit der zunehmenden Inflation Schritt halten konnten oder Bäuerinnen, die landwirtschaftliche Betriebe zu managen hatten. Dabei hatte das 20. Jahrhundert vor allem für die bürgerlichen Kreise in Mitteleuropa so hoffnungsvoll begonnen. Der - oft bescheidene, aber doch wachsende - Wohlstand hatte sich auch im Konsumverhalten einschließlich der Essgewohnheiten gezeigt: Fleisch spielte eine immer größere Rolle und sein Verzehr konnte durchaus den Charakter einer sozialen Distinktion annehmen.[81] Lag der Verbrauch von Fleisch in Österreich vor Kriegsbeginn noch bei rund 80 Gramm pro Person und Tag, sank er bis 1917 auf nur noch 17 Gramm.[82] Der Mangel an Fleisch und vor allem Milch wurde vor allem im dritten Kriegsjahr besonders spürbar. Immer wieder kam es zu örtlichen Streiks, wie im Eisen-Walzwerk in Neuberg (Steiermark) im Juni 1917.[83] Die Versorgungsengpässe trafen Kinder und Kranke besonders hart. In vielen Gemeinden wurden zur Linderung der ärgsten Not öffentliche Suppenküchen und Kinderausspeisungen eingerichtet - nicht nur in großen Städten, auch in Landgemeinden wie zum Beispiel Elsbethen nahe Salzburg.[84] Allein in Wien stieg die Zahl der Ausspeisungsstellen von 1914 bis 1918 von 93 auf 153.[85] Nur in Ausnahmefällen gelang es Fronturlaubern, Lebensmittel, die auf den Märkten der Etappe besetzter Gebiete erwerbbar waren, durch die zahlreichen Kontrollen bis nach Hause zu bringen, wo sie dann für wenige Tage die ärgste Not linderten.[86]

---

[81] Rainer Liedtke: Geschichte Europas - Von 1815 bis zur Gegenwart; Paderborn 2010, S. 179.
[82] R. G. Plaschka, H. Haselsteiner, A. Suppan: Innere Front Band I; Wien 1974, S. 55.
[83] Othmar Pickl u. Walter Kanzler: Geschichte des Klosters und der Marktgemeinde Neuberg an der Mürz; Neuberg 1996, S. 211.
[84] Salzburger Chronik 53. Jg., Nr. 36 vom 15. Februar 1917, S. 7.
[85] Peter Fritz u. Christian Rapp (Red.): Jubel und Elend - Leben mit dem Großen Krieg 1914-1918; Schallaburg 2014, S. 309.
[86] Kriegstagebuch Feldwebel Fritz Fuchs/IR 84 für 1918 (Archiv Verfasser).

Die ungenügende Versorgungslage verschlimmerte sich bis 1918 immer mehr. Während die Alliierten aber spätestens mit dem Kriegseintritt der USA 1917 ein fast unerschöpfliches Reservoir an Ressourcen dazu bekamen, wurde trotz des „Brotfriedens" von Brest-Litowsk mit dem durch die Oktoberrevolution zerrütteten Russland 1917 die Nutzbarkeit von Rohstoffquellen für die Mittelmächte immer schwieriger. Schließlich brachte der Hunger große Teile der Bevölkerung das gesamte gesellschaftliche System ins Wanken. Hungerdemonstrationen und Streiks waren in vielen Teilen der Monarchie die Folge. Immer vehementer wurde ein Ende des Krieges und ein Wahlrecht für die Frauen gefordert, welche die Hauptlast des täglichen Kampfes an der „Heimatfront" zu tragen hatten.[87]

Dabei sollte nicht übersehen werden, dass sich die prekäre Versorgungslage, die daraus resultierende Not breiter Bevölkerungskreise und die zunehmende Einbeziehung der Frauen in die Kriegswirtschaft keinesfalls auf Österreich-Ungarn und das verbündete Deutschland beschränkte. Auch in Frankreich, Großbritannien und in weiterer Folge Italien gab es ähnlich Phänomene. Vor allem in Frankreich litt die Zivilbevölkerung dramatisch unter den Kriegsfolgen.[88] In Großbritannien stellten 1918 Frauen 90 Prozent der Arbeitskräfte in den Munitionsfabriken. Die Härte der Auseinandersetzungen erforderte auf beiden Seiten der Front eine Mobilisierung aller verfügbaren Kräfte bzw. Ressourcen. Die zunehmende Involvierung breiter Bevölkerungskreise in das Kriegsgeschehen führte in allen kriegführenden Ländern zu wachsender Kriegsmüdigkeit. Diese Entwicklung war bereits bald nach Kriegsbeginn erkennbar gewesen. Konnte man den 1914 in den Krieg gezogenen Staaten noch zubilligen, die Auswirkungen eines modernen, „industrialisierten" Krieges mangels Erfahrung nicht richtig eingeschätzt zu haben, mutet der spätere Kriegseintritt Italiens 1915[89], Rumäniens 1916 und der USA 1917 - im Wissen um die Gräuel des Kampfes und die Gefahren einer Verelendung der Zivilbevölkerung - geradezu irrwitzig an und ist wohl nur durch - jeweils unterschiedlich motiviertes - menschenverachtendes politisches Kalkül erklärbar.

[87] Bernhard Denscher: Gold gab ich für Eisen; Wien 1987, S. 106.
[88] William Reymond (Hg.): Histoire de France; Paris 2000, S. 156 ff.
[89] Antonella Astorri u. Patrizia Salvadori: Storia illustrata della Prima Guerra Mondiale; Fierenze 1999, S. 33 ff u. 77 ff.

Frauen im Krieg – unterschätzte Leistungsträgerinnen

Die Versorgung, namentlich der Familien im Hinterland, lenkt den Blick auf das Schicksal der Frauen im Krieg. Dabei greift eine Reduzierung auf Essen und Kindererziehung ganz wesentlich zu kurz. Nach dem Kriegsausbruch waren immer mehr Frauen, die sich bisher „nur" der Haushaltsführung und Kindererziehung widmen mussten, wie oben gezeigt, gezwungen, eine Arbeit anzunehmen, denn der staatliche Unterstützungsbeitrag für die Familien eingerückter Soldaten reichte für das Überleben nicht aus, zumal die steigende Inflation den Alltag sukzessive verteuerte.[90] Erstmals erfasste im Ersten Weltkrieg das Phänomen „Krieg" flächendeckend die Bevölkerung aller kriegführenden Länder – nicht nur im engeren militärischen Sinn, sondern allgemein, in allen Lebensbereichen. In besonderem Maße traf dies auf die Frauen zu, die nun nicht „nur" die meist alleinige Verantwortung für das Überleben ihrer Familien zu tragen hatten, sondern sukzessive in den kriegswirtschaftlichen Mechanismus integriert wurden: Als Wirtschaftsführerinnen agrarischer und handwerklicher Betriebe ebenso, wie als Arbeitskräfte in der Industrie oder in militärnahen Funktionen bzw. Armeeschwestern und Krankenpflegerinnen in den Lazaretten oder als Stabshelferinnen, Telefonistinnen und Kanzleikräfte bei militärischen Kommandobehörden. Zu einiger Bekanntheit brachte es die einzige weibliche Kriegsberichterstatterin, Alice Schalek (1874-1956), die nicht nur sehr patriotisch gefärbte Berichte von verschiedenen Fronten schrieb, sondern auch eine Mitbegründerin der Wohlfahrtsorganisation „Schwarz-gelbes Kreuz" war.[91] Ab 1916 begann das k.u.k. Kriegsministerium vermehrt Frauen als Bürokräfte, Köchinnen oder Lagerarbeiterinnen in Depots einzustellen. 1917 waren bereits mehr als 60.000 Frauen in militärischen Dienststellen tätig, vom k.u.k. Kriegsministerium bis zu Etappenkommanden hinter der Front.[92] Dagegen hatten nach Kriegsbeginn viele Frauen, vor allem Dienstbotinnen in mittelständischen Haushalten, im Tourismus und Arbeiterinnen der exportorientierten Wirtschaft ihre Arbeitsplätze verloren und waren damit in die verzweifelte Situation geraten, keine kurzfristige Perspektive zur Bestreitung ihres Lebensunterhalts zu haben. Frauen der verarmenden Mittelschicht und Kriegerwitwen schlitterten zusehends in Armut. Viele fanden dann notgedrungen Arbeit in Rüstungsbetrieben, als Straßenkehrerinnen oder in der Gemeindeverwaltung.[93]

---

[90] Pia Bayer: Frauen im Krieg – Der Überlebenskampf an der Heimatfront, in: Pia Bayer u. Dieter Szorger (Red.): Land im Krieg – Burgenland 1914-1918; Eisenstadt 2014, S. 110.

[91] Gabriele Schauman u. Karin Schid: WoMen At War – k.u.k. Bilder 1914-1918; Wien 2015, S. 106.

[92] Peter Jung u. Darko Pavlovic: The Austro-Hungarian Forces in World War I (2) 1916-1918; Botley Oxford 2003, S. 36.

[93] Susanne Rolinek: „Soldatinnen" der Heimatfront, in: Oskar Dohle u. Thomas Migtterecker (Hg.): Salzburg im Ersten Weltkrieg, Wien 2014, S. 99.

Mit Fortschreiten des Krieges und Einziehung immer älterer Jahrgänge mussten Frauen in vielen zivilen „Männerberufen" arbeiten. Am augenfälligsten war dies bei Straßen- und Eisenbahnschaffnerinnen oder Postbotinnen.[94] Frauen im öffentlichen Dienst waren zunächst ungewohnt und ihre Akzeptanz bedurfte Zeit.[95] In manchen Orten wurden sogar Frauen- und Mädchenfeuerwehren gebildet, weil es dafür keine Männer mehr im Ort gab.[96]

Straßenbahnschaffnerin in Wien 1916. Archiv: H. Hinterstoisser.

[94] Marianne Jobst-Rieder, Alfred Pfabigan, Manfred Wagner: Das letzte Vivat; Wien 1995, S. 94.
[95] Pia Bayer: Frauen im Krieg - Der Überlebenskampf an der Heimatfront, in: Pia Bayer u. Dieter Szorger (Red.): Land im Krieg - Burgenland 1914-1918; Eisenstadt 2014, S. 111.
[96] Z.B.: Gerhard Friesenbichler: Retten - Löschen - Bergen Feuerwehrwesen in Ratten; Ratten (Stk.) 1991, S. 37; Bernhard A. Reismann: Das Feuerwehrwesen in der Österreichischen Reichshälfte der Habsburgermonarchie, in: Helfried Valentinitsch u. Jakob Michael Perschy (Red.): Feuerwehr gestern und heute (Katalog der Burgenländischen Landes-Sonderausstellung 1998), Eisenstadt 1998, S. 126 ff.

Armeeschwester an der Südwestfront 1917. Archiv: H. Hinterstoisser.

Vielfältig waren die Anstrengungen von Frauen vor allem des Mittelstandes und gehobener Schichten, in Wohltätigkeitsvereinen und ähnlichen Einrichtungen soziale Not in der engeren Heimat zu lindern oder durch Herstellung von Verbandpäckchen, Wäsche für Lazarette, Kälteschutzmitteln für Frontsoldaten usw. in Näh- und Handarbeitsrunden zu einem siegreichen Ausgang des Krieges beizutragen. Das bedeutete oftmals eine erhebliche Mehrfachbelastung durch Familie, Beruf und freiwillige Arbeit. Nur wenige Frauen in meist gut betuchten intellektuellen Kreisen vermochten ein vergleichsweise luxuriöses Leben in Vorkriegsmanier weiterzuführen.[97] Demgegenüber finden sich zahllose Beispiele

[97] Alma Mahler-Werfel: Mein Leben; 36. Auflage Frankfurt 2003, S. 66 ff.

oft aufopferungsvoller karitativer Tätigkeit, u.a. bei der Versorgung von Verwundeten in den zahlreichen „Reserve-Lazaretten" im Hinterland, durch Damen aus bürgerlichen wie adeligen Kreisen. Arbeiterinnen war es häufig unmöglich, angesichts der exzessiven Arbeitsbelastung in den Betrieben und der zu leistenden häuslichen Arbeit Zeit zu erübrigen. Professionelle Kranken-/Verwundetenbetreuung durch Ärzte und Krankenschwestern wurde in Österreich-Ungarn von verschiedenen Einrichtungen angeboten. Dazu zählten der Deutsche Orden, der Souveräne Malteser-Ritterorden und das Ungarische bzw. Österreichische Rote Kreuz. Allein Letzteres betrieb 2 Feldspitäler, 5 mobile Epidemiespitäler, 44 Feld-, Hilfs- und Labestationen sowie 876 Sanitätsanstalten im Hinterland.[98]

Reservelazarett mit Krankenschwester und Hilfskrankenpflegerinnen 1916. Die Unterbringung erfolgte offensichtlich in einer für das Militär geräumten Schule; die Tafel wurde kurzerhand mit patriotischen Parolen versehen, das Krankenbett links im Hintergrund steht auf dem an sich für den Katheder vorgesehenen Podest. Archiv: H. Hinterstoisser.

Im k.u.k. Heer wurden Frauen nicht als „Soldatinnen" in Kampftruppen eingesetzt, abgesehen von unplanmäßigen Einzelfällen, von denen eigentlich nur jener der (inkognito) zu den k.k. Landesschützen eingerückten Viktoria Savs größere Bekanntheit erlangte.[99] Das war allerdings

[98] H.G. Kernmayr: Die Waffenlose Macht; Wien 1953, S. 283.
[99] Reinhard R. Heinisch: Viktoria Savs, das „Heldenmädchen von den Drei Zinnen", in: Pallasch Heft 1; Salzburg 1997, S. 41-44 und Heft 5, Salzburg 1998, S. 101.

nicht überall so. In der Ukrainischen (Ruthenischen) Legion etwa waren weibliche Kämpferinnen nicht unüblich. Einige erhielten sogar hohe Tapferkeitsauszeichnungen.[100] In der russischen Armee wurde eigens ein Frauenbataillon aufgestellt, um die männlichen Soldaten zu agressiverem Einsatz zu motivieren. Die russischen Soldatinnen wurden beispielsweise bei der Kerenski-Offensive 1917 eingesetzt.[101] Die italienische Armee setzte Kolonnen von, zum Dienst gepressten, Trägerinnen zur Gewährleistung des Nachschubs in den Südalpen ein[102], in Galizien wurden Bäuerinnen für Schanzarbeiten herangezogen.[103] Verschiedentlich gerieten Frauen, die „eigene" Soldaten versorgen wollten, in Gefechte, wie das ruthenische Bauernmädchen Rosa Zenoch, die dabei einen Fuß verlor.[104]

Arbeiterinnen in den Rico-Verbandstoffwerken in Brüx (aus: Österr. Illustrierte Zeitschrift, Kaiser-Huldigungs-Nummer, Wien 1917). Archiv: H. Hinterstoisser.

[100] Jörg C. Steiner: Die „Helden-Mädchen" der Ruthenischen Legion (I), in: Pallasch, Heft 6; Salzburg 1999, S. 80-83 und Viecheslaw Artemenko: Die „Helden-Mädchen" der Ruthenischen Legion (II), in: Pallasch, Heft 25; Salzburg 2007, S. 151-153.

[101] Nik Cornish u. Andrei Karachtchouk: The Russian Army 1914-18; Botley Oxford 2001, S. 18.

[102] Gabriele Schaumann u. Karin Schmid: WoMen At War – k.u.k. Bilder 1914-1918; Wien 2003, S. 116.

[103] Manfried Rauchensteiner: Der Tod des Doppeladlers; Wien 1994.

[104] Gabriele Schaumann u. Karin Schmid: WoMen At War – k.u.k. Bilder 1914-1918; Wien 2003, S. 101.

Zahllose Soldaten verdankten der aufopferungsvollen Einsatzbereitschaft von Krankenschwestern (beiderseits der Fronten) im gefechtsnahen Bereich ihr Leben. 1917 war in Großbritannien ein eigens uniformiertes „Women´s Auxiliary Corps" gegründet worden, um durch einen Einsatz als Köchinnen, Kraftfahrerinnen, Mechanikerinnen, Telefonistinnen etc. Männer für den Fronteinsatz freizubekommen.[105] Auch die 1917 in den Krieg eingetretenen USA stellten freiwillige aus Frauen formierte Hilfstruppen auf, wie das „American Fund for French Wounded Motor Corps" (AFFW) oder Krankenpflegedienste des American Red Cross (ARC).[106] Direkt bei der Armee im Feld eingesetzt waren Krankenschwestern (Army Nurse Corps) oder Telefonistinnen des Signal Corps/AEF.[107]

Vergleicht man Darstellungen zum Erleben des Ersten Weltkrieges in britischen, französischen, deutschen, italienischen oder österreichischen Publikationen, wird deutlich, dass die Erfahrungen der Menschen durchaus sehr ähnliche waren.[108] Gefahr, Not, Schmerzen, Entbehrungen, Traumatisierung und physische Entkräftung betrafen sie alle, ob Frontsoldat, Fabrikarbeiterin, Handwerker oder Bäuerin. Unabhängig von staatlichen Zugehörigkeiten, aber doch mit differenziertem Hintergrund, je nachdem man auf Seiten der „Gewinner" oder der „Verlierer" des jahrelangen Massensterbens stand. Die Emotionen und Sorgen zeigen vergleichbare Erfahrungen und sind über Ländergrenzen hinweg austauschbar. Aber sie vertieften die Gräben zwischen Völkern und sozialen Schichten. Für sich betrachtet verbindet die Schicksale mehr als sie trennt.[109] Umso absurder – oder eigentlich beschämender – erscheint es, dass die Entwicklung trotz dieses an sich gemeinsamen negativen Erfahrungsschatzes schließlich in die noch größere Katastrophe des Zweiten Weltkrieges mündete. Erst danach gelang eine langfristig wirksame, effektive europäische Verständigungs- und Friedenspolitik.[110] Die Europäische Union kann heute trotz aller Schwächen als im Großen und Ganzen gelungener Versuch gewertet

---

[105] Peter Simkins, Geoffrey Jukes u. Michael Hickey: The First World War – The war to end all wars; Elms Court, Oxford 2003; S. 96 ff u. 174 ff.

[106] Jill Halcomb Smith: Dressed for Duty – America´s Women in Uniform1898-1973; San Jose (California) 2001; S. 32 ff.

[107] Mark R Henry u. Stephen Walsh: The US Army of World War I; Botley 2003, S. 42 f.

[108] Antonella Astorri u. Patrizia Salvadori: Storia illustrata della Prima Guerra Mondiale, Fierenze 1999 (insbes. S.100 ff); Ariana Buttignol, Michele Cristiano, Cinzia Dal Cin et al.: Il Museo Nascosto – Itinerari didattici nel Museo della Battaglia, Vitorio Veneto 1995; Christian Zentner: Illustrierte Geschichte des Ersten Weltkrieges, München 1980, S. 287f u.328 ff; Brigitte Hamann: Der Erste Weltkrieg; München 2004, S. 185 f; Louis Klein (Red.): Les Soldats de la Grande Guerre; Hachette Collection 2002, S. 118 f; Francois Pairault: Images des Poilus; Paris 2002, S. 123 ff; Trevor Lloyd: The History oft he British Empire, London 2001; Peter Simkins, Geoffrey Jukes, Michael Hickey: The First World War – The war to end all wars, Botley Oxford 2003; Gonzague Pluvinage (Hg.): Cities at War 1914-1918, Brussels 2014.

[109] Hannes Leidinger, Verena Moritz, Karin Moser, Wolfram Dornik: Habsburgs schmutziger Krieg; St. Pölten 2014, S. 252.

[110] Pascal Fontaine: Europa in 12 Lektionen; Luxemburg 2018, S. 10 ff.

werden, aus den epochalen Ereignissen zweier Weltkriege zu lernen und dem alten System permanenter Konkurrenz ein System der Kooperation entgegenzusetzen. Damit konnte eine jahrzehntelange friedliche Entwicklung als Grundlage für eine prosperierende wirtschaftliche, gesellschaftliche und kulturelle Entwicklung geschaffen werden,[111] welche fataler Weise mit den Ereignissen in der Ukraine seit Februar 2022 wieder in Frage steht.

Beerdigung eines Gefallenen Soldaten der k.u.k. Armee an der Ostfront 1914. Archiv: H. Hinterstoisser.

Bemerkenswert ist, dass Frauen durchaus nicht dieselbe Entlohnung für dieselben Arbeiten wie Männer erhielten - und selbst heute oft noch nicht erhalten. Neben der finanziellen Diskriminierung kamen auch verbale und sogar tätliche Übergriffe vor. Immerhin wurden Frauen aber für verschiedene Tätigkeiten professionell ausgebildet und damit beruflich qualifiziert. Dies betraf beispielsweise Krankenschwestern und Pflegepersonal für Lazarette.[112] Allen Lasten und Leistungen zum Trotz sollte es aber - nicht nur - in Europa noch ein langer Weg werden, bis sich die Erkenntnis durchsetzte, dass *„Männer und Frauen gleichwertige Wesen sind,*

[111] Andrea Heigl, Philipp Hacker-Walton u. Christian Mandl: Österreich und die EU; Wien 2015, S. 2 ff.

[112] Pia Bayer: Frauen im Krieg - Der Überlebenskampf an der Heimatfront, in: Pia Bayer u. Dieter Szorger: Land im Krieg - Burgenland 1914-1918; Eisenstadt 2014, S. 111.

mit gleichen Rechten in allen Lebensbereichen". [113] In Österreich bekamen sie unmittelbar nach Ende des Ersten Weltkrieges zunächst immerhin das allgemeine und gleiche Wahlrecht.[114]

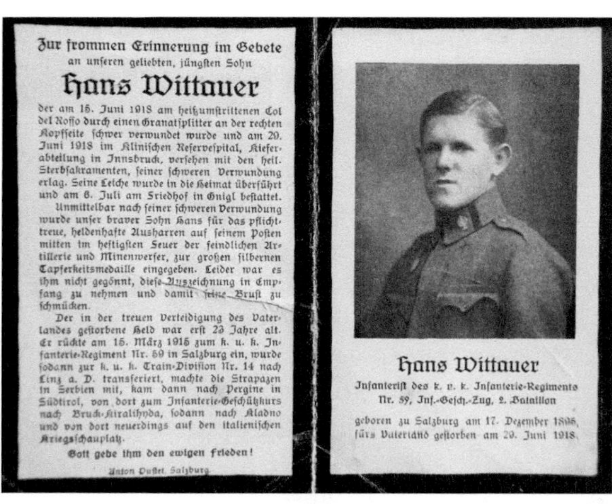

Zur frommen Erinnerung im Gebete
an unseren geliebten, jüngsten Sohn

Hans Wittauer

der am 15. Juni 1918 am heißumstrittenen Col del Rosso durch einen Granatsplitter an der rechten Kopfseite schwer verwundet wurde und am 29. Juni 1918 im Klinischen Reservespital, Kieferabteilung in Innsbruck, versehen mit den heil. Sterbsakramenten, seiner schweren Verwundung erlag. Seine Leiche wurde in die Heimat überführt und am 6. Juli am Friedhof in Gnigl bestattet.

Unmittelbar nach seiner schweren Verwundung wurde unser braver Sohn Hans für das pflichttreue, heldenhafte Ausharren auf seinem Posten mitten im heftigsten Feuer der feindlichen Artillerie und Minenwerfer, zur großen silbernen Tapferkeitsmedaille eingegeben. Leider war es ihm nicht gegönnt, diese Auszeichnung in Empfang zu nehmen und damit seine Brust zu schmücken.

Der in der treuen Verteidigung des Vaterlandes gestorbene Held war erst 23 Jahre alt. Er rückte am 15. März 1915 zum k. u. k. Infanterie-Regiment Nr. 59 in Salzburg ein, wurde sodann zur k. u. k. Train-Division Nr. 14 nach Linz a. D. transferiert, machte die Strapazen in Serbien mit, kam dann nach Pergine in Südtirol, von dort zum Infanterie-Geschützkurs nach Bruck-Kiraliłhyda, sodann nach Kladno und von dort neuerdings auf den italienischen Kriegsschauplatz.

Gott gebe ihm den ewigen Frieden!

Anton Pustet, Salzburg

Hans Wittauer

Infanterist des k. u. k. Infanterie-Regiments Nr. 59, Inf.-Gesch.-Zug, 2. Bataillon

geboren zu Salzburg am 17. Dezember 1895, fürs Vaterland gestorben am 29. Juni 1918.

Christliches Andenken
im Gebete
an den ehrengeachteten Herrn

Johann Neuhuber

Bauer am Oberfrankgut in Hofweiden, Pf. Tarsdorf,
Korporal beim k. k. Landsturmbatl. Nr. 58, 1. Kompagnie,
Inhaber des Eisernen Verdienstkreuzes,
welcher am 29. Juni 1917 im 39. Lebensjahre auf Col Ombert (Tirol) den Heldentod erlitt und im Soldatenfriedhof in Vigo im Fassatal begraben liegt.

Guter Gatte und Vater schlaf' im Frieden,
Schlumm're sanft in stiller Gruft,
Ausgekämpft hast du hienieden,
Schlumm're bis der Herr dich ruft.

Schmerzlich zwar fällt uns dein Scheiden,
Doch nicht trostlos ist der Schmerz,
Denn nach dieser Erde Leiden,
Eint sich jedes liebend Herz.

Zu haben bei Franz Forsthofer, Tarsdorf

Sterbebilder von k.u.k. Soldaten. Foto: H. Hinterstoisser.

[113] Arik Brauer in: Carl Aigner u. Martin Hochleitner: Arik Brauer – Frauenschicksale; Salzburg 2019, S. 9.

[114] StGBl. für Deutschösterreich, Jg. 1918 Nr. 115 (Gesetz vom 18. Dezember 1918 über die Wahlordnung für die konstituierende Nationalversammlung), § 11; dazu auch: Gabriele Schaumann u. Karin Schmid: WoMen At War - k.u.k. Bilder 1914-1918; Wien 2003, S. 134 ff.

Mangelernährung und Gesundheit

In weiten Teilen Deutschlands und Österreich-Ungarns herrschte ab dem Frühsommer 1916 Mangelversorgung, doch einen ersten Höhepunkt erreichte die Ernährungskrise im Winter 1916/17: Die Kartoffelernte des Jahres 1916 lag aufgrund ungünstiger Witterung nur bei rund 50 Prozent des Friedensertrages. Der Großteil der eingebrachten Ernte wurde an die Front geliefert, ein kleinerer Teil blieb bei den Bauern. Als Ersatz wurden an die Zivilbevölkerung vielfach Kohl und Steckrüben mit mangelhaftem Nährwert ausgegeben.[115] Der daraus resultierende Hunger zehrte an der Widerstandskraft der Menschen. Die Tuberkuloseanfälligkeit nahm rasch zu, vermehrt traten Hungerödeme auf. Besonders dramatisch war das Hungerelend unter Kindern, die im Laufe des Krieges ein durchschnittlich deutlich verringertes Größenwachstum und schulische Leistungsabfälle entwickelten.[116] In großen Städten wie Wien prägten bald halb verhungerte Kinder und von Unterernährung gezeichnete Frauen das Alltagsbild in den Straßen. Lungenentzündungen, Grippe und Ruhr forderten viele Opfer.[117]

Besonders negative Folgen hatte die familiäre und berufliche Mehrfachbelastung für viele Frauen, vor allem Arbeiterinnen, Kriegerwitwen und Kleingewerbetreibende. Die häufig anstrengenden, mitunter gefährlichen Tätigkeiten namentlich in der Rüstungsindustrie konnten physische Überforderung zur Folge haben. Extremen Umweltbelastungen und Intoxikation waren Frauen vor allem in den Munitionsfabriken ausgesetzt. Neben Hautausschlägen und Sehstörungen konnte dies bis zur Erblindung führen. Deutsche Publikationen zeigen einen deutlichen Zusammenhang zwischen Unterernährung und Menstruationsbeschwerden.[118] Insgesamt dürfte die „Hungerblockade" der Entente vor allem in urbanen Bereichen und Industriegebieten die Zivilbevölkerung stärker getroffen haben, als das Militär.

Besondere Belastungen hatten die „Kriegskrankenschwestern" bzw. die zahlreichen, oft nur sehr kurzfristig ausgebildeten „Hilfskrankenpflegerinnen" in frontnahen Bereichen oder Lazaretten des Hinterlandes zu ertragen. Gewalterfahrungen und das tägliche Miterleben grausigster Verletzungen und Verstümmelungen der Soldaten, von zerstörten Gesichtern über weggerissene Gliedmaßen bis zu irreversiblen Nervenschädigungen nach Artilleriebeschuss[119], belasteten stark, doch sie mussten

---

[115] https://www.aerzteblatt.de/archiv/167694/Erster-Weltkrieg-1914-1918 S. 2 (03.05.2021).
[116] https://www.aerzteblatt.de/archiv/167694/Erster Weltkrieg-1914-1918 S. 4 (03.05.2021).
[117] https://ww1.habsburger.net/de/kapitel/hunger S. 2 (03.05.3002).
[118] https://www.aerzteblatt.de/archiv/167694/Erster-Weltkrieg-1914-1918 S. 6 (03.05.2021).
[119] Vgl.: Fritz Weber: Der Alpenkrieg; Milizverlag Salzburg 1996, S. 31 ff.

sie mit all dem Grauen allein fertig werden[120] - ohne psychotherapeutische Betreuung oder Supervision. Das schafften auch die landläufig als psychisch robuster angesehenen Männer kaum, wie das bekannte Beispiel des Salzburger Dichters und Militärapothekers Georg Trakl so tragisch zeigt.

Das Grab Georg Trakls (1887-1914) am Salzburger Kommunalfriedhof. Foto: H. Hinterstoisser.

[120] Christa Hämmerle: Heimat/Front - Geschlechtergeschichte/n des Ersten Weltkriegs in Österreich-Ungarn; Wien 2014, S. 30 ff.

Essen – eine zentrale Frage

Die Produktion von Nahrungsmitteln war in verschiedenen Teilen der k.u.k. Monarchie unterschiedlich strukturiert. In manchen Gebieten wie beispielsweise in Ungarn wurden noch während des Krieges durchaus bemerkenswerte Überschüsse an Getreide oder Fleisch erzielt, in verschiedenen Alpentälern erbrachte die rückständige, kleinstrukturierte Landwirtschaft kaum nennenswerte Erträge.[121] Vor allem fehlten die zum Militär einberufenen Arbeitskräfte, oft sogar die Wirtschaftsführer der landwirtschaftlichen Betriebe, die Bauern selbst. Ihre Stelle und Verantwortung für den Betrieb mussten zumeist die Bäuerinnen übernehmen, denen im Verlauf des Krieges fallweise Kriegsgefangene als Arbeitskräfte zugewiesen wurden. Deren Arbeitseffizienz war freilich höchst unterschiedlich. Trotzdem war die Wirtschaft des Landes insgesamt von erstaunlicher Resilienz. Die kleingliedrige Struktur und meist intakte regionale Kreisläufe ermöglichten ein erstaunliches Durchhaltevermögen in Krisenzeiten. Schon in eng begrenzten Regionen waren alle wichtigen Handwerker, vom Dorfschmied über den Müller bis zum Schuster vertreten. Einfache Maschinen erbrachten zwar geringe Produktivität, ließen sich im Bedarfsfall aber zumeist von örtlichen Kräften wieder reparieren. Saatgut wurde lokal oder regional produziert. Die heute verbreitete Abhängigkeit von externer Futtermittel- oder Düngerzufuhr war kaum ausgeprägt. Landwirtschaftliche Produktionsflächen waren, abgesehen von einigen städtischen Agglomerationen, ausreichend vorhanden, konnten aber infolge Mangels an Arbeitskräften und Zugtieren oft nicht adäquat bewirtschaftet werden.

Die Essgewohnheiten waren in den einzelnen Kronländern der Donaumonarchie durchaus unterschiedlich ausgebildet. Dies betraf aber vornehmlich die Frage, was an Essbarem regional verfügbar gemacht werden konnte. In der Arbeiterschaft und weiten Teilen der Landbevölkerung waren Not und Beschränkung in beiden Landesteilen schon im 19. Jahrhundert weit verbreitet. Die Speisen am Land waren meist kalorienreich, wobei überwiegend Getreideprodukte und Gemüse verzehrt wurden. Die Speisenfolge war oft monoton, fettreiches Muas, Erdäpfel- oder Bohnensterz, Bauernkrapfen mit Kraut usw. prägten je nach Region und Jahreszeit den Speisezettel. Fleisch gab es in der Regel nur zu besonderen Festtagen. Im Bürgertum und in geringerem Ausmaß in der aufstrebenden Arbeiterschaft konnte die Ernährung vielfältiger sein, mit höherem Fleischanteil, fallweise auch Fisch. Obst gewann im Laufe des Krieges vermehrt an Bedeutung, u.a. eingekocht, als Obstwein vergoren oder gedörrt als Zubuße im Winter.[122]

[121] Ernst Hanisch u. Ulrike Fleischer: Im Schatten berühmter Zeiten; Salzburg1986, S. 36 ff.
[122] Peter Fritz u. Christian Rapp (Red.): Jubel und Elend – Leben mit dem Großen Krieg 1914-1918; Schallaburg 2014, S. 312 f.

Am Land beherrschten die meisten Männer die Zubereitung einfacher Speisen: Waldarbeiter bei der Zubereitung von Krapfen in einer Sölde (Holzknechthütte). Archiv: H. Hinterstoisser.

Die Beschaffung von Nahrungsmitteln war vor allem für die städtische Bevölkerung und die Arbeiterinnen in der Industrie ein zunehmend unlösbares Problem. Schon bald nach Kriegsbeginn sah man bei den wenigen Geschäften, welche noch Lebensmittel verkauften, lange Ketten von Frauen, oft auch Kindern oder Greisen, die sich stundenlang um die ohnedies geringen Rationen an Mehl, Fett oder Zucker anstellten. Nicht selten musste die Sicherheitswache aus Schwäche in der Schlange Zusammengebrochenen Hilfe leisten.[123] Konnten sich die Menschen in ländlichen Gebieten zumindest saisonal durch Sammeln von Pilzen und sonstigen Wald- und Heckenfrüchten oder Pflanzenbau in Hausgärten behelfen, war dies für die Bevölkerung in größeren Städten praktisch unmöglich. Bereits im Jahr 1915 hatte daher die Stadt Wien an 1.000 Parteien „Kriegsgemüsegärten“ im Ausmaß von rund 250.000 m² vergeben. Bis 1917 stieg deren Zahl auf 5.300 mit einer Fläche von 1,4 Millionen m². Dazu kam 1917 eine Fläche von rund 300.000 m² ehemaliges Brachland, welches von Schulkindern bebaut wurde. Dazu wurden vom Magistrat Saatkartoffeln,

[123] Zentralinspektorat der Wiener Sicherheitswache (Hg.): Sechzig Jahre Wiener Sicherheitswache; Wien 1929, S. 242 ff.

Saatbohnen, Saaterbsen Spinatsamen und von den städtischen Gärten herangezogene Gemüsepflanzen an die Kleingärtner/Kleingärtnerinnen abgegeben[124].

Lebensmittelkarte für Brot und Mehl 1915. Foto: H. Hinterstoisser.

Die Versorgung mit Essen spielte eine zentrale Rolle im Alltag. Hierzu gaben offizielle Stellen und private Autoren/Autorinnen eine bemerkenswerte Vielfalt an Schriften mit Ratschlägen, Praxistipps und Rezepten heraus, die zum Ziel hatten, mit den vorhandenen oder im Frieden weitgehend unbeachteten doch leidlich erreichbaren Ressourcen so gut es ging schmackhaftes Essen zuzubereiten. Nahrhaft aber mit möglichst wenig Mehl, Zucker, Fleisch und Fett, an denen es ständig mangelte, mussten die Speisen sein. Naheliegend war, sich deshalb vor allem pflanzlicher

[124] Verlag Jakob Philipp (Hg.): Kaiser-Huldigungs-Nummer von „Österreichs Illustrierte Zeitung"; Wien 1917, S. 163.

Kost zuzuwenden, um den Bedarf an Kohlehydraten und Eiweiß zu decken. Da allerdings auch viele solche Nahrungsmittel wie Erdäpfel oder Getreide bezugscheinpflichtig waren, umfassten die Rezepte oft auch pflanzliche Kost, die, vor allem am Land und zumindest saisonal, aus der Natur gewonnen werden konnten, wie Bärlauch, Brennnesseln, Spitzwegerich, Vogelsternmiere oder Esslaub von Buchen und Eschen.[125]

Waldfrüchte wie Pilze und Beeren wurden eifrig gesammelt (aus: Otto Schmeil u. Eduard Scholz: Leitfaden der Botanik; Triest/Wien 1913, S. 158).

[125] Peter Kurz, Michael Machatschek, Bernhard Iglhauser: Hecken – Geschichte und Ökologie, Anlage, Erhaltung und Nutzung; Graz 2001, u.a. S. 393.

Zunehmender Wert wurde auf eine sparsame Verwendung von Lebensmitteln und möglichst rückstandsfreie Verwertung aller irgendwie genießbaren oder sonst nutzbaren Bestandteile von Nahrungsmitteln gelegt. Apfelschalen waren ebenso der Nahrungskette zuzuführen, wie hart gewordenes Brot oder Semmeln, die man zum Beispiel als Suppen aufkochen oder als Suppeneinlagen verwenden konnte. Obstkerne sollten gesammelt und an Sammelstellen abgegeben werden, ebenso Knochen, die zur Herstellung von Düngemitteln, Leim und Industriefett (Seifen- und Kerzenerzeugung) Verwendung fanden.[126]

Allenthalben bot man Vorträge und Schulungen für den kleingärtnerischen Anbau von Gemüse an. So fanden schon 1915 im Gewerbeförderungsinstitut in der Stadt Salzburg einschlägige Vorträge statt. Deren Themen waren beispielswese die Anpflanzung von Winterkohl, Endivien- und Kopfsalat sowie Fragen der richtigen Düngung.[127] Verschiedene Einrichtungen führten Kriegskochkurse durch, um Ideen für die Vermeidung von Abfällen, etwa die Reinigung gebrauchter Fette (Back- und Abschöpffette) oder Konservierungsmethoden zu propagieren. *„Die Küche rettet das Vaterland! Äußerste Sparsamkeit mit den vorhandenen Lebensmitteln ist erste patriotische Pflicht …“* hieß es in einem 1915 erschienenen Kriegskochbuch.[128]

Waren 1915 durchaus auch noch einige Fleischspeisen am Programm, erzwang der allgemeine Mangel mit Fortdauer des Krieges immer mehr pflanzliche Kost oder die Verwendung „alternativer Nahrungsmittel“, sogenannter Surrogate. Wo das möglich war, erinnerte man sich an früher gebräuchliche Rezepte etwa für die Zubereitung von diversen Vögeln, Bilchen oder Eichhörnchen. Fisch- und Wilddiebstahl wurden zunehmend (vor allem gegen und nach Kriegsende) zum Problem.[129] In den heimischen Wäldern und Fluren fehlte das großteils zum Militärdienst eingezogene Jagdschutzpersonal. Im frontnahen Bereich wurden von der Truppe fallweise „Jagdkommandos“ aus erfahrenen Jägern oder Forstleuten gebildet, welche die eine oder andere Zubuße zur Verpflegung einbringen konnten.

[126] Gerda Ridler (Hg.): Oberösterreich im Ersten Weltkrieg; Linz 2014, S. 15.
[127] Salzburger Chronik 51. Jg., Nr. 205 vom 8. September 1915, S. 4.
[128] Pia Bayer: Frauen im Krieg – Der Überlebenskampf an der Heimatfront, in: Pia Bayer u. Dieter Szorger (Red.): Land im Krieg – Burgenland 1914-1918; Eisenstadt 2014, S. 115.
[129] Ludwig Fuchs u. Jakob Schmid: Wilderer; Wien 1950, S. 135 ff; Roland Girtler u. Gerald Kohl: Wilderer im Alpenraum; Steyr 1998, S. 23 f; Walter Mooslechner: Jagdgeschichte des Großarltales, Großarl 1993, S. 105.

Rückkehr von einer erfolgreichen Wildschweinjagd in der Bukowina 1916. Archiv: H. Hinterstoisser.

Kriegskochbücher

Die österreichische, insbesondere die „Wiener Küche“, wie sie sich im 19. und beginnenden 20. Jahrhundert entwickelt hatte, ist bis heute legendär. Gerade in Wien, dem Zentrum der multiethnischen Donaumonarchie, verschmolzen viele böhmische, slowakische und ungarische Einflüsse mit solchen aus der Steiermark, Kärnten und Niederösterreich. Das von Katharina Pratobevera (1818-1897) verfasste und erstmals 1858 in Graz erschienene Kochbuch „Süddeutsche Küche“ gilt vielen bis heute als Bibel der Kochkunst.[130] Im Allgemeinen war die Küche vor dem Ersten Weltkrieg ziemlich deftig, Fett und Zucker spielten eine erhebliche Rolle bei all den Strudeln, Fleisch- und Mehlspeisen. Das Kochen war traditionell Aufgabe der Hausfrau, im Arbeitermilieu gleich wie im mittelständischen Bürgertum. Wohlhabendere Familien konnten sich mitunter sogar eine Köchin leisten. Schon bald nach Kriegsbeginn zeichneten sich Versorgungsengpässe, bei Weizen- und Roggenmehl ebenso wie bei Fleisch und Fett ab.

1915 genehmigte das k.k. Innenministerium die Herausgabe eines „Kriegskochbuches“, das als Anleitung zum ressourcensparenden Kochen gedacht war, zumal immer klarer wurde, *„daß der Krieg nicht nur militärisch und finanziell, sondern auch wirtschaftlich geführt wird“*[131]. Es wurde darin dazu aufgerufen, durch sparsamen Mitteleinsatz bei der Zubereitung von Essen zu verhindern, dass Österreich-Ungarn durch Aushungern *„um die Früchte unserer mit so viel teurem Blut und Gut erkauften Siege gebracht“* werde. Daher lautete das klare Postulat, *„sparet an allen Lebensmitteln, verschwendet nichts, lasset nichts zugrunde gehen, trachtet alle Nährwerte voll und ganz auszunützen. Eine Vergeudung von Nahrungsmitteln ist gleichbedeutend einer Vergeudung von Munition …“*[132]. Anfang 1915 stand noch die möglichst lange Nutzbarkeit vorhandener Vorräte im Vordergrund, später wandelte sich dies zur möglichsten Überbrückung akuten Mangels. Statt Weizen- und Roggenmehl sollte tunlichst Gersten-, Hafer-, Mais- und Kartoffelmehl Verwendung finden. Statt Weizengries wurde Reis- oder Maisgries vorgeschlagen. Der Fleischverbrauch sollte überhaupt möglichst eingeschränkt werden, anstelle von Rindfleisch sollte vermehrt Schaffleisch (Schöpsenes) verkocht werden. Die sonst oft verschmähten Innereien sollten Alternativen zur Versorgung mit Eiweiß darstellen. Bratenfett war tunlichst wieder zu verwenden, Speisereste beispielsweise in Form von Aufläufen, Pasteten oder als Suppeneinlagen zu verwerten.

---

[130] https://de.wikipedia.org/wiki/Katharina_prato (28.05.2021).
[131] Gerda Ridler (Hg.): Oberösterreich im Ersten Weltkrieg; Linz 2014, S. 42.
[132] Gerda Ridler (Hg.): Oberösterreich im Ersten Weltkrieg; Linz 2014, S. 43.

Werbeeinschaltung für Getreide-Hausmühlen in: „Allgemeiner Tiroler Anzeiger" Nr. 546, 13. Nov. 1915.

Eine Reihe von Institutionen stellte sich in diesem Sinne in den Dienst der Sache und hielt Kurse über Kriegsküche, Konservierung von Lebensmitteln und die optimale Verwertung von Speiseresten ab. Nichts sollte vergeudet werden.

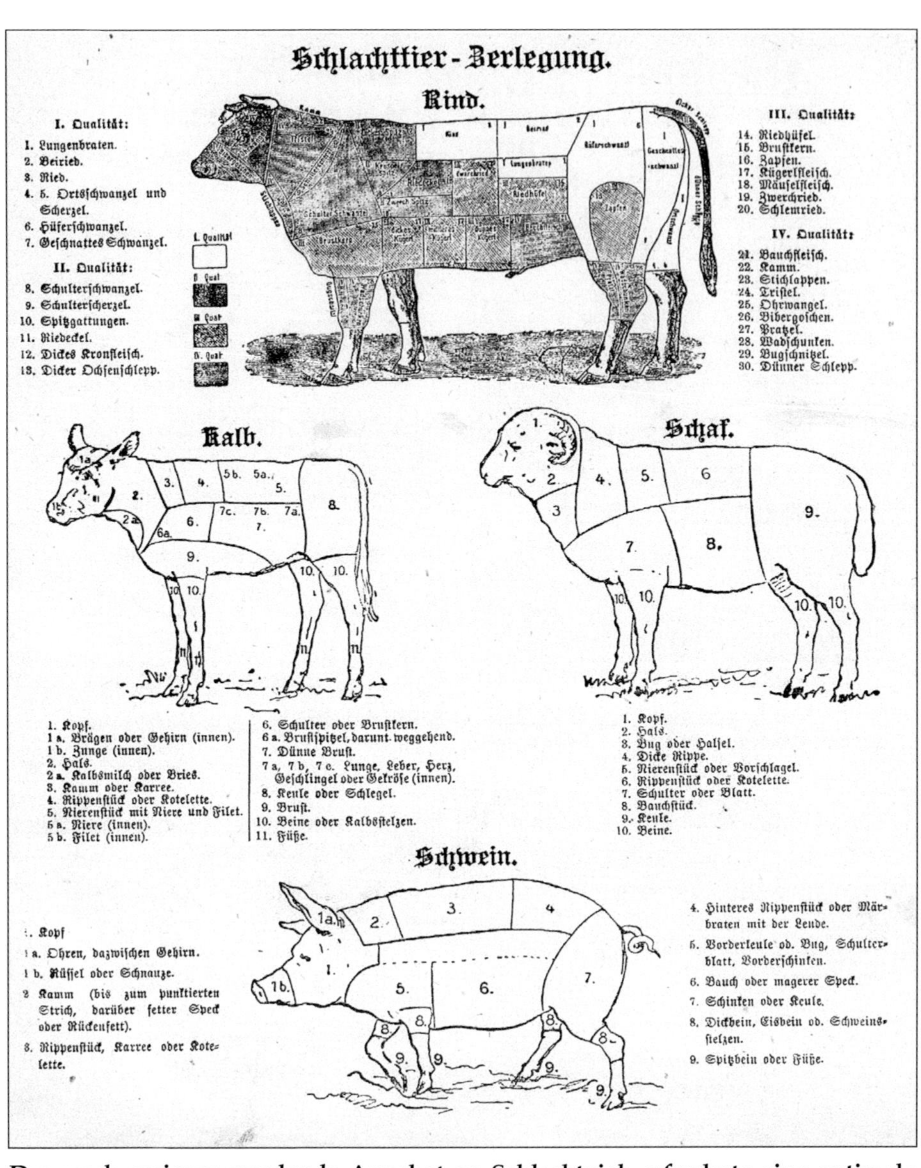

Schlachttier-Zerlegung.

Rind.

I. Qualität:

1. Lungenbraten.
2. Beiried.
3. Ried.
4. 5. Ortsschwanzel und Scherzel.
6. Hüferschwanzel.
7. Geschnattes Schwanzel.

II. Qualität:

8. Schulterschwanzel.
9. Schulterscherzel.
10. Spitzgattungen.
11. Riedeckel.
12. Dickes Kronfleisch.
13. Dicker Ochsenschlepp.

III. Qualität:

14. Riedhüfel.
15. Brustkern.
16. Zapfen.
17. Kügerlfleisch.
18. Mäuselfleisch.
19. Zwerchried.
20. Schlemried.

IV. Qualität:

21. Bauchfleisch.
22. Kamm.
23. Stichlappen.
24. Tristel.
25. Ohrwangel.
26. Bibergoschen.
27. Pratzel.
28. Wadschunken.
29. Bugschnitzel.
30. Dünner Schlepp.

Kalb.

1. Kopf.
1 a. Brägen oder Gehirn (innen).
1 b. Zunge (innen).
2. Hals.
2 a. Kalbsmilch oder Bries.
3. Kamm oder Karree.
4. Rippenstück oder Kotelette.
5. Nierenstück mit Niere und Filet.
5 a. Niere (innen).
5 b. Filet (innen).
6. Schulter oder Brustkern.
6 a. Brustspitzel, darunt. weggehend.
7. Dünne Brust.
7 a, 7 b, 7 c. Lunge, Leber, Herz, Geschlingel oder Gekröse (innen).
8. Keule oder Schlegel.
9. Brust.
10. Beine oder Kalbsstelzen.
11. Füße.

Schaf.

1. Kopf.
2. Hals.
3. Bug oder Halsel.
4. Dicke Rippe.
5. Nierenstück oder Vorschlagel.
6. Rippenstück oder Kotelette.
7. Schulter oder Blatt.
8. Bauchstück.
9. Keule.
10. Beine.

Schwein.

1. Kopf
1 a. Ohren, dazwischen Gehirn.
1 b. Rüssel oder Schnauze.
2 Kamm (bis zum punktierten Strich, darüber fetter Speck oder Rückenfett).
3. Rippenstück, Karree oder Kotelette.
4. Hinteres Rippenstück oder Märbraten mit der Lende.
5. Vorderkeule od. Bug, Schulterblatt, Vorderschinken.
6. Bauch oder magerer Speck.
7. Schinken oder Keule.
8. Dickbein, Eisbein od. Schweinsstelzen.
9. Spitzbein oder Füße.

Das rasch geringer werdende Angebot an Schlachtvieh erforderte eine optimale Ausbeute bei der Fleischerzeugung (aus: Krakauer Schreibkalender 1917, S. 206).

Kriegskochkurse

1915.

Veranstaltet vom n.-ö. Landesausschuß.

WIEN.

Verlag des n.-ö. Landesausschusses.

Buchdruckerei Ambr. Opitz Nachfolger, Wien, VIII., Strozzigasse 8.

Die Speisen sind für vier bis fünf Personen berechnet und eignen sich für mittlere Hausmannskost.

I. Kurstag.

1. **Gerstenmehlsterz.** $^1/_2$ Liter Gerstenmehl (20 dkg), $^1/_2$ Liter stark gesalzenes Wasser, 10 dkg Speck.

Man läßt das Mehl in einer Kasserolle unter stetem Rühren sehr heiß werden, gießt nach und nach das kochende Salzwasser zu und verrührt den Sterz mit einer großen Gabel so, daß lauter ganz kleine Stückchen entstehen. Speck wird kleinwürfelig geschnitten, geröstet, bis die Grieben (Grammeln) gelb werden, und mit dem Sterz verrührt.

Sterz wird als Beigabe zu klarer Rindssuppe oder als Speise für sich, zum Beispiel mit Salat oder ähnlichem, gegessen.

2. **Kümmelsuppe.** 5 dkg Schweinefett, 6 dkg Gerstenmehl, Salz, Kümmel, $1^1/_2$ Liter Wasser.

Mehl und Kümmel gibt man in heißes Fett und läßt sie braun rösten, dann gießt man zuerst mit etwas kaltem, dann mit heißem Salzwasser auf und läßt die Suppe zugedeckt mindestens eine Stunde schwach kochen.

Als Einlage kann man geröstete Semmel oder Brotwürfel geben.

3. **Maismehlnockerln.** 5 dkg Maismehl, $^1/_{16}$ Liter Wasser, 3 dkg Butter (oder ein anderes Fett), 1 Ei, Salz.

Wasser und Butter läßt man kochend werden, salzt und gibt rasch das Mehl dazu, das man so lange kocht, bis sich die Masse vom Topf und Löffel löst. Man verrührt sie überkühlt mit einem Ei, formt Nockerl und kocht sie fünf Minuten in Salzwasser.

Als Einlage in Rindssuppe zu verwenden.

4. **Polenta.** 33 dkg Maisgrieß, $1^1/_2$ Liter Salzwasser.

In kochendes Salzwasser gibt man den Polentagrieß und läßt die Masse unter stetem Rühren so lange kochen, bis sie sich vom Topf und Löffel löst (ungefähr $^1/_2$ Stunde). Dann drückt man sie in eine mit Wasser ausgeschwenkte Form und stürzt sie sonach gleich.

Beigabe zu Gulyas, Beuschel usw.

5. **Geröstete Polenta.** Polenta (wie vorstehend), 8 dkg Schweinefett.

Obige Polenta wird in Scheiben geschnitten und in heißem Fett geröstet.

6. **Käsepolenta.** Von obiger Polenta wird eine Schichte in eine mit Fett oder Butter ausgestrichene Auflaufform gegeben, mit geriebenem Käse bestreut, mit heißer Butter betropft, wieder Polenta daraufgegeben und so fort, bis man mit Käse und Butter schließt. Das Ganze wird für die Dauer von zehn Minuten in eine heiße Röhre gestellt.

7. **Polentanockerln.** Von obiger Polenta werden Nockerln ausgestochen, dieselben einzeln in heiße Butter getaucht, sofort angerichtet und mit geriebenem Käse bestreut.

8. **Maisgrießknödel.** 8 dkg Speck, $^1/_4$ Liter Milch, 10 dkg Maisgrieß, Salz, 1 Ei.

Speck wird kleinwürfelig geschnitten, geröstet, wenn die Grieben (Grammeln) gelb sind gießt man mit gesalzener Milch auf, wenn diese kocht, gibt man rasch den Grieß dazu und kocht ihn so lange, bis sich die Masse vom Löffel löst. Ist die Masse überkühlt, verrührt man sie mit einem Ei, formt Knödel und kocht sie einige Minuten in Salzwasser.

9. **Maisgrießsterz** (Kukuruzsterz, türkischer Sterz). 1 Liter Salzwasser, 33 dkg Maisgrieß, 5 dkg Schweinefett (Filz oder Speck), Grammeln.

In 1 Liter siedendes, gesalzenes Wasser schüttet man Maisgrieß (Polentagrieß) und kocht ihn bei zugedecktem Topf fast $^1/_2$ Stunde, bis der Grieß gut gequollen ist. Dann lockert man den Sterz vom Boden und von den Wänden des Topfes, gießt 5 bis 8 dkg heißes Schweinefett darauf und rührt mit einer Gabel tüchtig durch. Im zugedeckten Topf wird der Sterz noch $^1/_4$ Stunde gedünstet, dann angerichtet und mit heißen Grammeln bestreut.

10. **Maisgrießschmarren mit Äpfeln** (Tommerl). $^1/_8$ Liter Maisgrieß, $^1/_4$ Liter Milch, Salz, $^1/_4$ kg Äpfel, 3 dkg Fett (Schweineschmalz).

Kochende Milch wird gesalzen, über das Maismehl gegossen und stehen gelassen. Äpfel werden geschält, feinblätterig geschnitten, gut mit der Masse vermischt und in einer Pfanne, in der man Fett heiß werden ließ, im Rohr ausgedünstet. Man richtet den Schmarren gut gezuckert an.

11. **Geröstete Maisgrießkartoffeln.** 1 kg Kartoffeln, 10 dkg Maisgrieß, 15 dkg Fett, Salz.

Kartoffeln werden gekocht, geschält und feinblätterig geschnitten. In heißem Fett läßt man Maisgrieß anrösten, gießt mit einem großen Schöpfer Wasser auf, läßt es aufkochen, gibt die Kartoffeln und Salz hinein und läßt das Ganze entsprechend rösten.

12. **Falsche Gemüsesuppe nach Schweizer Art.** Kohlsuppe. 1 Kohlkopf, 4 dkg Fett, 2 dkg Gerstenmehl, 1 1/2 Liter Wasser, Salz, 15 dkg Kartoffeln.

Kohl wird gewaschen, nudelig geschnitten und im heißen Fett ohne Wasserzusatz weichgedünstet, dann gestäubt (wobei man das Mehl gut anrösten lassen muß), mit Wasser aufgegossen, gesalzen und gut verkocht. 1/2 Stunde vor dem Anrichten gibt man die geschälten, würfelig geschnittenen Kartoffeln dazu und läßt sie mitkochen. Zur Verbesserung der Suppe kann man auch Scheiben von gekochten Frankfurterwürsteln, gebratenen Bratwürsteln oder auch Selchfleischwürfel in die fertige Suppe geben und dadurch ein Gericht herstellen, das zur Mittag- oder besonders Abendmahlzeit eine Fleischspeise vollständig ersetzen kann.

Wie aus Kohl kann man auch aus Kochsalat oder Kraut eine solche wohlschmeckende Gemüsesuppe herstellen.

Zur Bereitung der Gemüsesuppen wird sich die Verwendung der Kochkiste bestens empfehlen.

13. **Topfenknödel.** 10 dkg Butter oder Fett, 3 Eier, 30 dkg Topfen, 6 dkg Grieß, Salz, Butter und Bröseln.

Flaumig gerührte Butter wird mit Eier, passiertem Topfen, Salz und Grieß gut verrührt, einige Zeit stehen gelassen, Knödel geformt, dieselben 15 Minuten in Salzwasser gekocht und mit in Butter oder Fett gerösteten Bröseln bestreut.

14. **Striezel aus Kriegsmehl.** $^1/_2$ kg Mehl, Salz, $^1/_4$—$^3/_8$ Liter Milch, 6 dkg Zucker, 8 dkg Fett oder Butter, 2 dkg Germ, 3 dkg Rosinen.

Mehl wird mit Salz, Milch, Zucker, geschmolzener Butter, einer Gärprobe aus Hefe und Rosinen zu einem Teig vermischt, den man gut abschlägt und eine Stunde an einem warmen Ort aufgehen läßt. Dann formt man daraus einen Striezel, gibt ihn auf ein befettetes und bemehltes Blech, läßt ihn nochmals eine halbe Stunde aufgehen, bestreicht ihn mit Ei und bäckt ihn.

15. **Hausbrot.** (Im Haushalt herzustellen.) 50 dkg Maismehl, 20 dkg gebratene, passierte Kartoffeln, 30 dkg Misch- oder Roggenmehl, 3 dkg Germ, Salz, Anis oder Fenchel, Wasser.

Der Teig wird am besten am Abend vorher bereitet und über Nacht aufgehen gelassen. Das Maismehl wird mit kochendem Wasser abgebrüht, wenn es lauwarm ist mischt man die Kartoffeln, das Mehl, die aufgegangene Germ, die Gewürze und so viel warmes Salzwasser dazu, daß man einen ziemlich festen Teig erhält, den man gut abknetet. Man formt daraus zwei bis drei längliche Wecken, gibt sie auf ein Blech, bedeckt sie mit einem Tuch, läßt sie über Nacht aufgehen, bestreicht sie mit Salzwasser und bäckt sie bei mäßiger Hitze.

16. **Reinigung gebrauchter Fette (Backfett, Abschöpffett usw.).** Abschöpffett, Backfett und anderes durch den Gebrauch verunreinigtes Fett wird mit ungefähr der dreifachen Menge Wasser, einem Stück Zwiebel und etwas hartem (altbackenem) Brote gut gekocht, bis es sich klärt; etwa sich bildender unreiner Schaum wird sorgfältig abgeschöpft. Das geklärte Fett wird hierauf mit dem Wasser in ein Gefäß gegossen und kaltgestellt. Das Fett wird, sobald es vollständig erstarrt ist, vom Wasser abgenommen, die unten angesetzte unreine Schichte, die Bröseln usw. enthält, wird abgeschabt, das Fett nochmals zerlassen und wieder wie ungebrauchtes Fett verwendet.

II. Kurstag.

1. **Butternockerln** (als Einlage in Rindssuppe). 5 dkg Butter oder Schweinefett, 1 Ei, 4 dkg Gerstenmehl, 2 Löffel Milch, Salz.

Die Butter wird mit dem Dotter flaumig abgerührt, dann gibt man Salz, Milch, Mehl und zugleich den Schnee dazu, verrührt den Teig, formt Nockerln und läßt sie einige Minuten in Salzwasser oder Rindssuppe kochen.

2. **Geröstete Reisgrießsuppe oder Maisgrießsuppe.** 5 dkg Fett, 6 dkg Maisgrieß oder Reisgrieß, Salzwasser, 1 Ei.

In heißem Fett läßt man den Grieß hellbraun anrösten, gießt mit Salzwasser auf, läßt die Suppe gut verkochen und bindet sie mit einem Ei.

3. **Rindfleisch, Suppe und Gemüse** (eine ganze Mahlzeit in einem Gericht). 60 dkg Rindfleisch ohne Zuwage, 1/4 Selleriewurzel, 1/2 gelbe Rübe, 1/2 Petersilienwurzel, 1 Kohlkopf, 1/2 kg Kartoffeln, Salz, Wasser.

Das in zwei bis drei Schnitten geteilte Fleisch, das grobnudelig geschnittene Wurzelwerk, den geachtelten Kohlkopf, sowie die geschälten, geviertelten Kartoffeln gibt man in einen Topf, übergießt das Ganze mit so viel heißem Salzwasser, daß es gut bedeckt ist, deckt den Topf gut zu und läßt die Suppe langsam $1^1/_2$ bis 2 Stunden kochen.

Beim Anrichten wird das Fleisch in Würfel geschnitten und mit allen Zutaten in der Suppe zu Tisch gegeben.

4. **Kartoffelsterz.** 1 kg Kartoffeln, $^1/_2$ kg Mehl (Gersten- oder Maismehl), 2 dkg Fett, Salz, 10 dkg Fett zum Ausdünsten.

Kartoffeln werden unter möglichster Vermeidung von Verlusten roh geschält, geviertelt und in Salzwasser halbweich gekocht, dann gibt man das Mehl und 2 dkg Fett dazu und läßt den sich bildenden Kloß beiläufig eine Viertelstunde zugedeckt kochen. Hierauf gießt man die Hälfte des Wassers ab, verrührt die Masse sehr gut und läßt sie in einer Bratpfanne, in der man Fett (Backfett) heiß werden ließ, im Rohr ausdünsten.

5. **Topfenkartoffeln.** 1 kg Kartoffeln, $^1/_4$ kg Topfen, 15 dkg Speck, Salz.

Kartoffeln werden gekocht, geschält, blätterig geschnitten und lagenweise mit passiertem Topfen und gerösteten Speckwürfeln bestreut.

6. **Maismehlauflauf.** 15 dkg Zucker, 4 Dotter, Saft einer halben Zitrone, 10 dkg Maismehl, Schnee von 4 Eiklaren.

Dotter und Zucker werden mit dem Zitronensaft sehr schaumig gerührt, dann mit dem fest geschlagenen Schnee und mit Mehl vermischt in einer bestrichenen Auflaufschüssel gebacken und gleich aufgetragen.

Beigabe: Fruchtsaft oder Dunstobst.

7. **Maismehl- oder Maisgrießtorte.** 15 dkg Zucker, 4 Dotter, Saft einer Zitrone, 1 Löffel Rum, Schnee von 4 Eiklaren, 10 dkg Maismehl oder Maisgrieß, Marmelade.

Dotter, Zucker und Zitronensaft werden sehr schaumig gerührt, dann gibt man Rum, Schnee und Mehl, beziehungsweise Grieß dazu, füllt die Masse in eine mit Mehl ausgestrichene Tortenform, bäckt sie bei mäßiger Hitze, durchschneidet sie und füllt sie mit Marmelade.

8. **Kartoffelbrot als Kaffeegebäck.** 30 dkg Weizenmehl, 30 dkg Maismehl, 30 dkg Kartoffeln, 3 dkg Hefe (Germ), 1 Ei, 1/4 Liter Milch, 5 dkg Zucker, 3 dkg Fett, Zitronenschalen, Rum, Salz.

Aus den Mehlen, gebratenen und passierten Kartoffeln, einer Gärprobe aus Hefe, Milch, Ei, Zucker, zerlassenem Fett, Salz, Rum, Zitronenschalen wird ein Teig vermengt, den man gut abschlägt, in eine befettete Pfanne gibt, langsam aufgehen läßt und im Rohr bäckt. Man kann auch Rosinen darunter mischen.

9. **Kartoffelpuffer.** 1 kg Kartoffeln, 2 Eier, 1 geweichte Semmel oder ein Stück Brot, 1/4 Liter Milch, 1 Löffel Mehl, 8 dkg Fett.

Die Kartoffeln werden geschält, roh in kaltes Wasser gerieben und vor dem Gebrauch durch ein Tuch gedrückt, damit keine Stärke verloren geht. Die Semmel oder das Brot wird in der kalten Milch eingeweicht, aufgekocht und wieder auskühlen gelassen. Dies verrührt man mit den ausgedrückten Kartoffeln, Eiern und Salz, läßt in einer Stielpfanne Fett sehr heiß werden, gibt den Teig löffelweise hinein, drückt ihn flach und bäckt so drei bis vier Kuchen auf einmal recht resch und knusperig. (Wenn sie längere Zeit stehen, verlieren sie sehr an Geschmack und Aussehen.)

10. **Spinat.** 1 kg Spinat, Salzwasser, 4 dkg Fett, 4 dkg Mehl, 1 Kaffeelöffel feingehackte Zwiebel und Petersilie, $^1/_4$ Liter Milch, Wasser oder Suppe zum Aufgießen.

Der Spinat wird geputzt, mehrmals gewaschen, in kochendes Salzwasser gegeben, weichgekocht, abgeseiht, passiert oder feingehackt, in eine lichte Einbrenn gegeben, in der man vorher feingehackte Zwiebel und Petersilie anrösten ließ, mit Milch und Wasser aufgegossen, gesalzen, gepfeffert und noch fünf Minuten kochen gelassen.

III. Kurstag.

1. **Reisgrießnockerln.** 4 dkg Butter oder Fett, 1 Ei, 5 dkg Reisgrieß, Salz.

Fett oder Butter wird mit Ei, Grieß und Salz verrührt, einige Zeit stehen gelassen, dann formt man Nockerln, kocht sie fünf Minuten in Salzwasser und läßt sie noch fünf Minuten ziehen.

2. **Gestürztes Sauerkraut.** 1/2 kg Sauerkraut, 1/2 kg Kartoffeln, 1/4 kg Selchfleisch, 5 dkg Speck, Salz, 1/8 Liter Rahm.

Speck wird kleinwürfelig geschnitten, geröstet, dann gibt man das Sauerkraut dazu, gießt mit etwas Wasser oder Selchsuppe auf und läßt das Kraut weichdünsten. Kartoffeln und Selchfleisch werden gekocht. Eine Auflaufform wird mit Fett ausgestrichen, mit Bröseln ausgestreut, eine Lage Kraut, dann geschälte, blätterig geschnittene Kartoffeln, blätterig geschnittenes Selchfleisch, dann wieder Kraut und so fort eingefüllt, bis man mit Kraut schließt. Das Ganze wird mit Rahm übergossen, 3/4 Stunden bei mäßiger Hitze gebacken und vorsichtig gestürzt.

3. **Reis mit Kohl.** 20 dkg Reis, 2 Häuptel Kohl, 8 dkg Fett, Salz, 6 dkg geriebenen Käse.

Der Kohl wird gewaschen, geputzt, nudelig geschnitten und mit 3 dkg Fett gedünstet. Der Reis wird mit 5 dkg Fett gedünstet, mit dem Kohl vermischt und reichlich mit geriebenem Käse bestreut.

4. **Paprikakartoffeln.** $^3/_4$ kg Kartoffeln, 3 dkg Fett, 3 dkg Zwiebeln, Paprika, 3 dkg Mehl, $^1/_8$ Liter Rahm, Salz, Paradeispüree.

Kartoffeln werden gekocht, geschält, in Würfel geschnitten und in eine Paprikasauce gemischt. — Paprikasauce: In heißem Fett werden zunächst feingehackte Zwiebeln, dann Paprika und Mehl angeröstet. Dies wird mit Rindssuppe und saurem Rahm aufgegossen, gesalzen, mit Paradeispüree vermischt und aufgekocht.

5. **Gebackener Kartoffelbrei mit Fleisch.** 80 dkg Kartoffeln, 10 dkg Fett oder Butter, 1 Löffel Rahm, $^1/_8$ Liter Milch, 1 dkg Zwiebeln, 2 Eier, 20 dkg Fleischreste, Selchfleisch oder Würsteln.

Die Kartoffeln werden gekocht, geschält, passiert, mit Fett, der heißen Milch, Rahm, feingehackter Zwiebel, Petersilie sowie Salz, 2 Eidotter und zuletzt mit dem Schnee der 2 Eiklar vermischt. Diese Masse wird zur Hälfte in eine mit Fett ausgestrichene Backform gefüllt, mit dem gehackten Fleisch oder den blätterig geschnittenen Würsteln belegt, die zweite Hälfte des Kartoffelbreies daraufgegeben und das Ganze $^3/_4$ Stunden bei guter Hitze gebacken.

6. **Karlsbader Zwieback.** 1 kg Weizenmehl, 1 dkg Germ, Salz, Wasser.

Das Mehl wird mit der aufgegangenen Germ, Salz und Wasser zu einem festen Teig vermischt, den man sehr gut abknetet, zu einem Striezel formt, über Nacht aufgehen läßt und in mäßig heißer Röhre bäckt. Dann wird das Brot in Scheiben geschnitten und gebäht.

7. **Stärkemehlpudding.** $^1/_2$ Liter Milch, 5 dkg Reismehl, 5 dkg Zucker, Vanille.

Das Reismehl wird mit $^1/_8$ Liter Milch kalt abgerührt, in $^3/_8$ Liter kochende Milch gegeben, Vanillezucker hinzugefügt und so lange gekocht, bis die Masse dick ist. Man füllt sie dann in eine mit Wasser ausgeschwenkte Puddingform, stellt sie kalt und stürzt sie, wenn sie steif ist.

Beigabe: Fruchtsaft.

8. **Reisgrieß-Dunstkoch** (Pudding). $^3/_8$ Liter Milch, 10 dkg Reisgrieß, Salz, 5 dkg Butter oder Pflanzenfett, 3 Dotter, 6 dkg Zucker, Zitronenschalen, Schnee von 2 Eiklaren.

Der Reisgrieß wird in der gesalzenen Milch weichgekocht, Butter oder Fett wird mit den Dottern, Zucker und den Zitronenschalen schaumig gerührt, mit dem ausgekühlten Grieß und dem fest geschlagenen Schnee verrührt und in einer vorbereiteten Puddingform in Dunst gekocht.

Beigabe: Fruchtsaft.

9. **Reisgrießauflauf.** $^1/_4$ Liter Milch, 7 dkg Reisgrieß, Salz, 5 dkg Butter oder Pflanzenfett, 5 dkg Zucker, 3 Eier, Zitronenschalen.

Der Grieß wird in der gesalzenen Milch weichgekocht. Butter oder Fett wird mit Dotter, Zucker, Zitronenschalen schaumig gerührt, mit dem Grieß und dem festen Schnee verrührt und in einer bestrichenen Auflaufform in der Röhre gebacken.

Beigabe: Fruchtsaft.

10. **Bohnengemüse.** 20 dkg getrocknete Bohnen, 4 dkg Fett, 4 dkg Mehl, Salz, Essig.

Die Bohnen werden am Abend vorher in kaltem Wasser eingeweicht, am nächsten Tag weichgekocht, in eine Einbrenn gegeben und nach Geschmack gesalzen und gesäuert.

Zunehmende Bedeutung erlangten Surrogate, Ersatzmittel oder –stoffe, die ein eingeführtes Produkt (oftmals nicht vollwertig) ersetzen.[133] Sie waren grundsätzlich nicht erst seit Beginn des Weltkrieges ein Thema. Schon vorher gab es verschiedenste Bestrebungen, Lebensmittel kostengünstiger oder ohne Importabhängigkeit herzustellen. Das bekannteste Beispiel hierfür ist der Zucker. Ursprünglich ausschließlich aus Zuckerrohr hergestellt, das in überseeischen (Kolonial-) Gebieten angepflanzt wurde, vermochte die Entwicklung der Zuckergewinnung aus Rüben im 19. Jahrhundert ein früheres Luxusprodukt massentauglich zu machen.[134] Weit verbreitet waren Kaffee-Surrogate aus Feigen oder Lupinen.[135] Die mangelnde Verfügbarkeit vieler Lebensmittel hat im Krieg zu mancherlei Obskuritäten geführt, wie etwa Ersatzkaffee aus gerösteten Eicheln, mehr ein Akt der Verzweiflung als eine geschmackliche Offenbarung. Öle wurden aus Obstkernen gepresst, Zellstoff aus Brennnesseln gewonnen. In Deutschland sammelte man sogar ausgekämmtes Frauenhaar zwecks industrieller Fertigung von Treibriemen.[136]

Werbeeinschaltung für Ei-Ersatz in: „Allgemeiner Tiroler Anzeiger" Nr. 570, Innsbruck 26. Nov. 1915.

---

133 F.A. Brockhaus (Hg.): Brockhaus´ kleines Conversationslexikon, II. Band; Leipzig 1880, S. 856 (speziell bezogen auf Lebensmittel); Serges Medien (Hg.): Großes Wörterbuch; Köln 1999, S. 772; ähnlich in Duden (Die deutsche Rechtschreibung); Mannheim 1996, S. 724.

134 Wilhelm Berdrow Hg.): Buch der Erfindungen; Leipzig 1901, S. 102 f.

135 Verordnungsblatt des k.k. Ministeriums des Inneren, Jg.1917, VO des Amtes für Volksernährung vom 20. Juli 1917; S. 403.

136 Marianne Jobst-Rieder, Alfred Pfabigan, Manfred Wagner: Das letzte Vivat; Wien 1995, S. 96.

Mit Fortdauer des Krieges wurde auch versucht, die angebotenen Mengen durch Streckung oder Beimengung leicht bzw. billig verfügbarer Substanzen zu steigern. Brotmehl wurde mittels Sägemehl „gestreckt“, Marmelade mit Rüben usw. Der Wassergehalt von Wurstwaren war oft erheblich. Nicht immer war die Befriedigung der Nachfrage Hauptmotiv für solche Vorgangsweisen, auch Kostenersparnis und Gewinnmaximierung konnten Beweggründe sein.[137] Die prekäre Ernährungslage der Zivilbevölkerung hatte auch militärisch relevante Dimensionen: trotz Zensur bekamen die an der Front Stehenden Nachrichten von zu Hause und auf Heimaturlaub befindliche Soldaten erfuhren aus eigener Anschauung, wie es um die Lebensqualität ihrer Angehörigen bestellt war. Die Not der Zivilbevölkerung bekam eine sozialpolitische Dimension, die im Militär noch durch die Unterschiede in der Menage von Soldaten und Offizieren bestärkt wurde. Das förderte wiederum klassenkämpferische Agitation wie sie insbesondere nach dem Frieden mit Russland von dort heimkehrende österreichisch-ungarische Kriegsgefangene weiter verbreiteten. Hatte die schwierige Versorgungslage schon im Verlauf des Jahres 1917 Streiks und Demonstrationen entfacht, zeichnete sich für 2018 ein Überkochen der Spannungen ab.[138] Verschärft wurde die Lage ironischer Weise noch durch das siegreiche Vordringen der österreichisch-ungarischen Truppen in Oberitalien nach der Durchbruchsschlacht von Flitsch-Tolmein 1917: 300.000 gefangene Italiener mussten versorgt werden. Immer vehementer wurden die Rufe, nicht nur die Versorgungslage kurzfristig zu verbessern, sondern den Krieg generell zu beenden.[139]

Annonce im „Krakauer Schreibkalender“ 1917.

137 https://de.wikipedia.org/wiki/Ersatzlebensmittel (18.05.2021).
138 R. G. Plaschka, H.Haselsteiner, A. Suppan: Innere Front Band I; Wien 1974, S. 59.
139 Manfried Rauchensteiner: Der Tod des Doppeladlers; Graz 1994, S. 533 ff.

Das Gemüsekochbuch der k.k. Gartenbaugesellschaft

Das nachstehend wiedergegebene Kochbuch aus dem Kriegsjahr 1915 befasst sich vornehmlich mit den im Gemüsebau üblichen Arten. Es ist aus zweierlei Gründen bemerkenswert: Zum einen zeigt es die damals für den durchschnittlichen Haushalt als opportun angesehenen Möglichkeiten der Ressourcennutzung, zum anderen ist es ein Beleg für die mit der Publikation verbundene karitative Zielsetzung, für durch den Krieg in Not geratene Gärtner Geld zu deren Unterstützung zu akquirieren. Es ist damit Ausdruck für eine in kollektiven Notlagen ausgeprägte Empathie, die in unterschiedlichen Konstellationen in den komplexen Gesellschaften der meisten kriegführenden Staaten der Zeit wirkte. Im Unterschied zu früheren Epochen betraf das Phänomen Krieg nun tatsächlich jede/n.

Die k.k. Gartenbaugesellschaft war einer Anregung des österreichischen Naturforschers Carl Freiherr von Hügel folgend 1837 gegründet worden. Ihre Mitglieder waren zunächst vor allem adelige Gartenbesitzer. Dank einer Grundstücksschenkung des Kaiserhauses konnte 1863/64 am Parkring ein eigenes Gebäude der Gesellschaft errichtet werden, in welchem Pflanzenausstellungen gezeigt und Bälle veranstaltet werden konnten. Ab 1912 gab es für Gärtnerlehrlinge Fortbildungsschulen, die von der k.k. Gartenbaugesellschaft betrieben wurden. Anstelle des alten Gebäudes errichtete man Anfang der Sechzigerjahre des 20. Jahrhunderts ein Hochhaus, in welchem sich das noch heute im Besitz der Gesellschaft befindliche Gartenbaukino befindet. Die Österreichische Gesellschaft für Gartenbau (ÖGG)[140] gibt gemeinsam mit dem Österreichischen Agrarverlag die (seit 2002 so benannte) Gartenzeitschrift „Garten und Haus" heraus.[141]

[140] https://www.ooegg.or.at (21.05.2021)
[141] https://de.wikipedia.org/wiki/Österreichische_Gartenbau_Gesellschaft (19.05.2021)

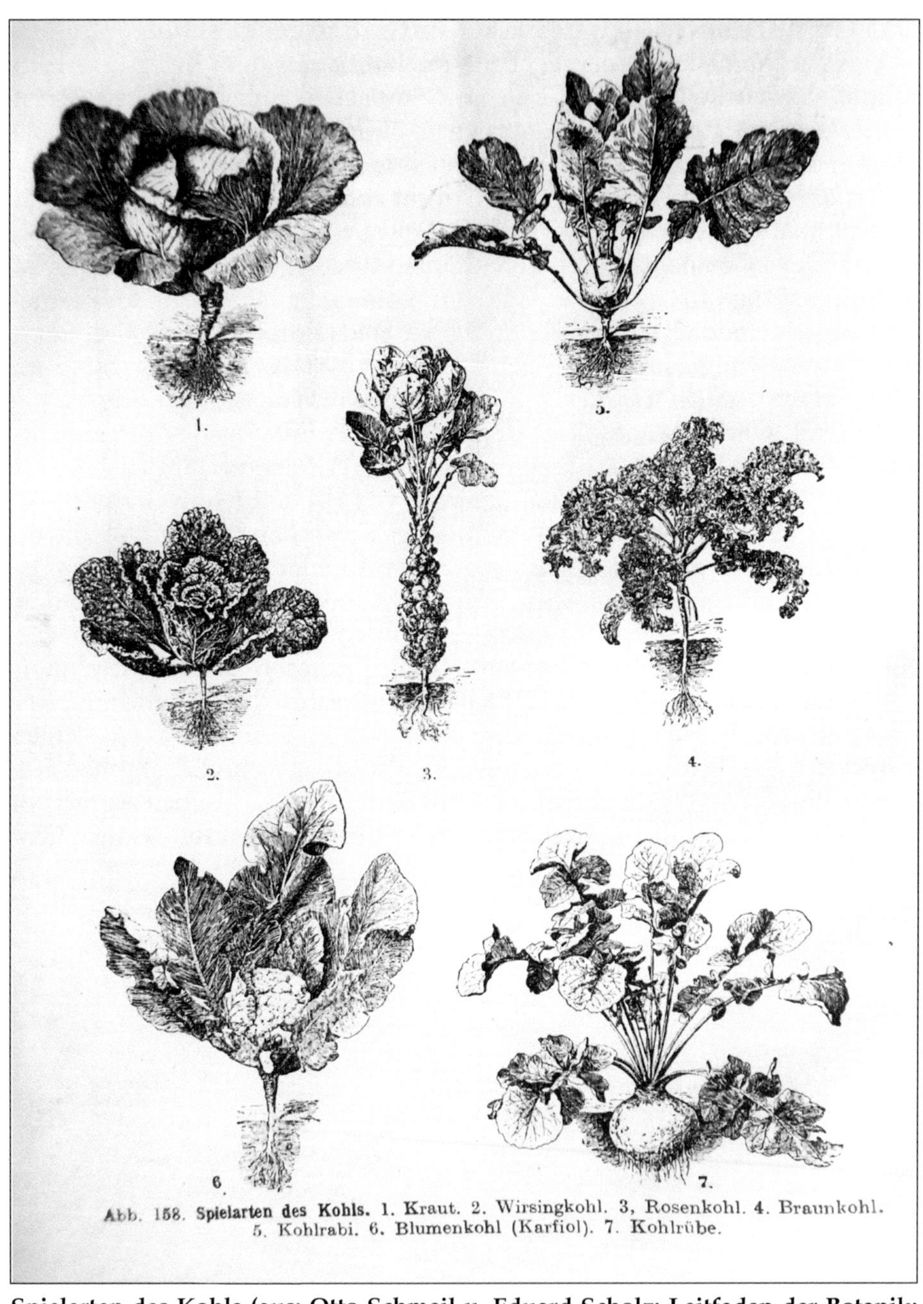

Abb. 158. **Spielarten des Kohls.** 1. Kraut. 2. Wirsingkohl. 3, Rosenkohl. 4. Braunkohl. 5. Kohlrabi. 6. Blumenkohl (Karfiol). 7. Kohlrübe.

Spielarten des Kohls (aus: Otto Schmeil u. Eduard Scholz: Leitfaden der Botanik; Triest/Wien 1913, S. 118).

GEMÜSE
KOCHBUCH
DER K. K.
GARTENBAU=
GESELLSCHAFT
15 % DES
VERKAUFS
PREISES FÜR
KRIEGS=
INVALIDE
GÄRTNER
PREIS
60 HELLER
Grete Wolf

Gemüsekochbuch

der

k. k.

Gartenbaugesellschaft

in Wien.

Zehntes bis vierzehntes Tausend.

Verfaßt von der
Bildungsanstalt f. Koch- u. Haushaltungsschullehrerinnen, Wien I.
und der
Haushaltungsschule, Wien, XIX. Bezirk, Grinzing, Kaasgraben
mit einem

Merkblatte über Trockenkonservierung

von Otto Pfeiffer.

15% des Verkaufspreises sind kriegsinvaliden Gärtnern gewidmet.

Verlegt bei Hugo Heller & Cie., Wien, I. Bezirk, Bauernmarkt 3,
im Kriegsjahre 1915.

Vorwort.

Seit jeher ist die k. k. Gartenbaugesellschaft in Wien bestrebt, den heimatlichen Gemüsebau in Erkenntnis seiner hohen volkswirtschaftlichen Bedeutung in jeglicher Weise zu fördern, um durch ihn der Bevölkerung gesundheitszuträgliche Nahrungsmittel, zahlreichen Produzenten lohnende Einkünfte zu sichern und dem Vaterlande ungezählte Millionen zu erhalten, die ihm durch die Einfuhr fremdländischen Gemüses entzogen werden.

Unter dem alle Gebiete des Lebens berührenden Einfluß des Krieges hat die Gesellschaft eine planmäßige Aktion eingeleitet, derzufolge nicht nur durch vermehrten Gemüseanbau drohendem Nahrungsmangel vorgebeugt, sondern auch Markt und Publikum befähigt werden soll, die erhoffte reichliche Ernte voll und ganz ihrer Bestimmung zuzuführen.

Mehr denn je bedarf es der Hebung des Gemüsekonsums. Es sollen daher dem Gemüse als Nahrungs- und Genußmittel weiteste Bevölkerungskreise als Freunde gewonnen und dann auch erhalten werden.

Ein Komitee der k. k. Gartenbaugesellschaft hat sich zur Aufgabe gemacht, in diesem Interesse zu wirken.

Berufene fachkundige Kräfte wurden eingeladen, die besten und bewährtesten Zubereitungsvorschriften zu sammeln und zu bearbeiten, nicht nur zum Wohle der durch den Krieg gefährdeten Volksernährung, sondern auch um dem Konsum und der Produktion von Gemüse eine Zukunft zu sichern.

Die in diesem Büchlein enthaltenen Koch- und Konservierungsvorschriften sollen diesem Zwecke dienen.

Möge es ihnen beschieden sein, ihn zu erfüllen.

Wien, im Mai 1915. **Das Komitee.**

Inhaltsverzeichnis geordnet nach Gemüsearten.

Kochanleitungen*).

(Die Speisen sind für 4 bis 5 Personen berechnet.)

Echte Suppen.

1. Gemüsesuppe (Juliennesuppe).

1 kleine gelbe Rübe, 1 kleine Petersilienwurzel, 1/8 Selleriewurzel, ½ Häuptel Kohl, Salz, 1/16 Liter frische, grüne Erbsen, 4 Deka grüne Bohnen, 5 Deka Edelpilze, 8 Deka Fett.

Die Wurzeln und der Kohl werden geputzt, feinnudelig geschnitten, in 5 Deka heißes Fett gegeben und mit etwas Wasser weich gedämpft. Die nudelig geschnittenen grünen Bohnen und Erbsen werden in Salzwasser gekocht, die Pilze blättrig geschnitten und in 3 Deka Fett gedünstet. Alle Gemüse werden dann vermischt und mit Rindsuppe oder einem Absud von Maggi-, Nährhefe- oder anderen Suppenwürfeln übergossen.

2. Kohlminestra.

3 Deka Fett, 1 Kohlkopf, Wasser und Salz, 5 Deka Fett, 15 Deka Reis, Wasser und Salz, 5 Deka Käse.

Feinnudelig geschnittener Kohl und Reis werden einzeln in Fett mit Wasser und Salz weich gedämpft, hierauf miteinander vermischt und mit geriebenem Käse bestreut. Man gibt dazu Rindsuppe oder eine Abkochung von beliebigen Suppenwürfeln.

---

*) Entsprechend der Absicht des Komitees, durch diese in bescheidenen Grenzen gehaltene Sammlung auch für spätere Zeiten auf die Hebung des Gemüseverbrauches und dadurch auch auf die Gemüseerzeugung einzuwirken, haben die Mitarbeiter eine beschränkte Auswahl aus dem reichen, zur Verfügung stehenden Rezeptenschatz getroffen, hoffend, daß durch dieselbe den Bedürfnissen aller Bevölkerungskreise nach Tunlichkeit Rechnung getragen erscheint.

Suppeneinlagen.

3. Gekochte Kartoffelknödel.

4 Deka Butter, 3 Dotter, 20 Deka gekochte, passierte Kartoffeln, Salz.

Butter wird schaumig gerührt, Dotter und Salz nach und nach dazugegeben, dann die passierten Kartoffeln eingemischt, kleine Knöderl geformt, diese werden in Rindsuppe oder Salzwasser 10 Minuten gekocht.

4. Kartoffel-Schöberl.

5 Deka Butter, 2 Dotter, 2 Deka Reis-, Mais- oder Weizengrieß, Salz, 1 Messerspitze grüne Petersilie, 1 Deka Mehl, 6 Deka gekochte, passierte Kartoffeln und 2 Eiweiß.

Die Butter wird schaumig gerührt, mit Dotter, Salz, gehackter Petersilie, Grieß, Mehl und den gekochten, passierten Kartoffeln verrührt und der feste Schnee von den 2 Eiweiß darunter gemischt.

Diese Masse wird in einer befetteten Biskuitform gebacken.

5. Kartoffelmonde (Kartoffelkipferl).

4 große Kartoffeln, 5 Deka Mehl, 1 Dotter, Salz, 6 Deka Fett.

Kartoffeln werden gekocht, geschält, passiert, mit Mehl Dotter und Salz zu einem Teig verrührt und 20 Minuten rasten gelassen, dann ausgewalkt und kleine Monde oder Kipferl ausgestochen. Das Fett wird in einer Pfanne heiß gemacht, die Monde beiderseitig schön braun ausgebacken, hierauf auf ein Sieb gegeben und zu klarer Rindsuppe oder zu Gemüsesuppe serviert.

6. Kohlschöberl.

½ Kilogramm Kohl, 8 Deka Fett oder Butter, 3 Eier, Salz.

Der Kohl wird geputzt, gewaschen, breidnudelig geschnitten, in Butter gedünstet, wenn er Farbe hat mit Salz und Pfeffer und überkühlt mit 3 Eiern verrührt. Diese Masse wird in einer mit Butter ausgestrichenen kleinen Tortenform gebacken, in Würfel geschnitten und zu heißer Rindsuppe serviert.

7. Spinatnockerl.

6 Deka Butter, 2 Eier, Salz, 20 Deka Spinat, 6 bis 8 Deka Mehl, Salzwasser.

Butter wird schaumig gerührt, Dotter, Salz, der gekochte passierte Spinat, Mehl und Schnee hineingerührt, mit einem Löffel kleine Nockerl ausgestochen, diese in kochendes Salzwasser gegeben und 5 bis 8 Minuten kochen gelassen. Die Nockerl werden als Einlage in klare Rindsuppe gegeben.

Schweizer Gemüsesuppen.

8. Goldrübchensuppe.

¼ Kilogramm Goldrübchen (Karotten), 5 Deka Fett, 3 Deka Mehl, Salz, Zucker.

Karotten werden gewaschen, geputzt, nudelig geschnitten und in Fett gedünstet, dann stäubt man mit Mehl, läßt es gut anrösten, gießt mit Wasser auf und läßt die Suppe gut verkochen. Zucker und Salz gibt man nach Geschmack dazu.

9. Kochsalatsuppe.

2 Häuptel Kochsalat, 5 Deka Fett, 3 Deka Mehl, 1½ Liter Salzwasser, 20 Deka Kartoffeln.

Der Kochsalat wird gewaschen, nudelig geschnitten, in Fett gedämpft, gestäubt und wenn das Mehl gut angeröstet ist, mit Wasser aufgegossen. Man salzt die Suppe nach Geschmack und läßt sie langsam kochen; dann gibt man die geschälten, kleinwürflig geschnittenen Kartoffeln dazu und läßt sie ½ Stunde mitkochen.

10. Kohlsuppe.

1 Kohlkopf, 5 Deka Fett, 3 Deka Mehl, 1½ Liter Salzwasser, 20 Deka Kartoffeln, Pfeffer.

Kohl wird gewaschen, nudelig geschnitten, in Fett gedünstet, gestäubt, wenn das Mehl gut angeröstet ist mit Wasser aufgegossen und gut verkocht. ½ Stunde vor dem Anrichten gibt man geschälte, kleinwürfelig geschnittene Kartoffeln dazu und läßt sie mitkochen.

Zur Verbesserung kann man auch blättrig geschnittene gekochte Frankfurter-Würstel oder gebratene Bratwürstel als Einlage in diese Suppe geben.

11. Kohlrabisuppe.

2 bis 3 Stück Kohlrabi, 5 Deka Fett, 3 Deka Mehl, 1½ Liter Wasser, Salz und Pfeffer.

Kohlrabi werden geschält, mit den zarten grünen Blättern feinnudelig geschnitten, in Fett gedünstet, gestäubt, aufgegossen, gesalzen, gepfeffert und zirka 1 Stunde langsam kochen gelassen.

12. Krautsuppe.

¼ Kilogramm Kraut, 5 Deka Fett, 3 Deka Mehl, Salz, 15 Deka Kartoffeln.

Das gewaschene, feinnudelig geschnittene, gesalzene Kraut wird in Fett gedünstet, mit Mehl gestäubt, nach dessen Anrösten mit Wasser aufgegossen. Wenn die Suppe 1 Stunde gekocht hat, gibt man die geschälten, würflig geschnittenen Kartoffeln dazu und läßt sie ½ Stunde mitkochen.

Man kann auch Scheiben von Frankfurter- oder Bratwürsteln, sowie Selchfleischwürfel als Einlage geben.

13. Kräutersuppe.

15 Deka Suppenkräuter, 4 Deka Fett, Zwiebeln und Petersilie, 5 Deka Butter oder Fett, 4 Deka Mehl, Salzwasser, 2 Löffel Rahm.

Suppenkräuter (Spinat, Sauerampfer, Gundelrebe, Spitzwegerich, Löwenzahn usw.) werden geputzt, gewaschen, mit Zwiebeln und Petersilie in Fett weich gedünstet, passiert, in eine lichte Einmach gegeben, mit Salzwasser aufgegossen und gut verkocht.

Die Suppe kann man mit sauerem Rahm und durch Legieren mit 1 Dotter vollmündiger und nahrhafter gestalten.

14. Selleriesuppe.

1 mittelgroße Selleriewurzel, 5 Deka Fett, 3 Deka Mehl, Salzwasser.

Die Selleriewurzel wird geschält, feinnudelig geschnitten in Fett weich gedünstet, gestäubt, wobei das Mehl gut angeröstet werden muß, mit Salzwasser aufgegossen, gut verkocht und passiert.

Verbesserung: Man kann die Suppe mit Rahm und Dotter legieren und kleinwürflig geschnittenes Selchfleisch als Einlage geben.

15. Zwiebelsuppe.

15 Deka Zwiebeln, 4 Deka Fett, 1 Deka Zucker, 1½ Deka Mehl, 1½ Liter Wasser, 15 Deka Kartoffeln, Salz, Pfeffer, Essig.

Die Zwiebeln werden feinblättrig geschnitten, mit Zucker in Fett hellbraun geröstet, gestäubt, aufgegossen, gesalzen und verkocht. Die Suppe wird passiert, die geschälten, würfelig geschnittenen Kartoffeln dazugegeben und ½ Stunde mitkochen gelassen. Man säuert die Suppe nach Geschmack.

Eingebrannte Gemüsesuppen.

16. Blumenkohlsuppe.

1 Karfiolrose, 5 Deka Butter oder Fett, 5 Deka Mehl, Salz.

Der Karfiol wird in Salzwasser weich gekocht und in Röschen geteilt. Die hübschen Röschen werden in kaltem Wasser aufbewahrt, die minderschönen und der Strunk passiert. Der passierte Karfiol wird in eine lichte Einmach gegeben, mit dem Karfiolwasser aufgegossen, gesalzen und gut verkocht.

Außer den Karfiolröschen kann man auch gebähte Semmelschnitten oder Bröselknödel als Einlage geben.

17. Erbsensuppe.

⅛ Kilo frische Erbsen, 3 Deka Butter, Salz, Petersilie, 4 Deka Fett, 4 Deka Mehl, Rindsuppe oder Wasser zum Aufgießen.

Die Erbsen werden gewaschen, in 3 Deka Butter weich gedünstet und passiert. Aus Fett und Mehl macht man eine lichte Einbrenn, gibt die Erbsen und Salz dazu, gießt mit Wasser oder Rindsuppe auf und läßt die Suppe verkochen.

Als Einlage gibt man gebähte Semmelschnitten oder Reis oder gebackene Tropfteigerbsen.

18. Paradeissuppe.

½ Kilo Paradiesäpfel, Zwiebeln und Petersilie, 5 Deka Fett, 4 Deka Mehl, Salzwasser, Zucker, Essig, Weißwein, 3 Deka Reis.

Die Paradiesäpfel werden gewaschen, auseinandergebrochen, mit Zwiebel und Petersilie im eigenen Saft gedünstet und passiert. Das Passierte gibt man in eine lichte Einbrenn, gießt mit Salzwasser auf, gibt Zucker und Essig nach Geschmack dazu und läßt die Suppe gut verkochen. Eine halbe Stunde vor dem Anrichten gibt man den Reis dazu und läßt ihn mitkochen.

19. Pilzsuppe.

10 Deka Pilze (Champignons, Pilzlinge, Eierschwämme, Morcheln oder andere), 3 Deka Butter, Petersilie, 4 Deka Fett, 4 Deka Mehl, Salzwasser, 1/16 Liter Rahm.

Geputzte, feinblätterig geschnittene Pilze werden mit feingehackter Petersilie in Butter gedünstet, in eine lichte Einbrenn gegeben, mit Salzwasser aufgegossen, gut verkocht und mit dem sauren Rahm vermengt.

20. Sauerampfersuppe.

4 Deka Butter oder Fett, 4 Deka Mehl, 10 Deka Sauerampfer, Salzwasser, 1/16 Liter sauren Rahm.

In einer lichten Einbrenn wird fein gewiegter Sauerampfer angeröstet, mit Salzwasser aufgegossen und gut verkocht. Zuletzt gibt man den Rahm dazu.

Man kann die Suppe auch mit 1 Eidotter legieren.

21. Spargelsuppe.

¼ Kilo Suppenspargel, 5 Deka Butter, 5 Deka Mehl, Salzwasser, 1 Dotter.

Vom Spargel werden die holzigen Teile in Wasser ausgekocht. Der übrige Teil weichgekocht, die Köpfchen und oberen Stücke als Einlage verwendet, der Rest passiert, zu einer lichten Buttereinmach gegeben, mit Spargelsud und Salzwasser aufgegossen, gut verkocht und mit 1 Dotter legiert.

22. Spinatsuppe.

3/8 Kilo Spinat, 4 Deka Fett, 3 Deka Mehl, Zwiebeln und Petersilie, Salz und Pfeffer, 1/3 Liter Milch.

Der Spinat wird geputzt, gewaschen, in Salzwasser gekocht und passiert. Dann macht man eine lichte Einbrenn, läßt darin etwas feingehackte Zwiebeln und Petersilie aufschäumen, gibt den Spinat dazu, gießt mit Milch und Salz-

oder Gemüsewasser auf, pfeffert ganz wenig und läßt die Suppe gut verkochen.

Einlage: Semmelschnitten oder gebackene Erbsen.

23. Passierte Wurzelsuppe.

1/8 Selleriewurzel, 1/2 gelbe Rübe, 1/2 Petersiliewurzel, 1 kleines Häuptel Kohl, Zwiebeln und Petersilie, 3 Deka Fett zum Dünsten, 4 Deka Fett und 4 Deka Mehl zur Einbrenn, Salzwasser.

Sellerie, gelbe Rübe, Petersilie und Kohl werden geputzt, gewaschen, feinnudelig geschnitten, mit Zwiebeln und Petersilie in Fett gedünstet und passiert. Das Passierte gibt man in eine lichte Einbrenn, gießt mit Salzwasser auf und läßt die Suppe gut verkochen.

Als Einlage gibt man geröstete Semmelschnitten.

Kartoffelsuppen.

24. Einfache Kartoffelsuppe.

35 Deka Kartoffeln, 1/2 Liter Salzwasser, 5 Deka Fett, 4 Deka Mehl, 1 Messerspitze Majoran, 1 1/4 Liter Wasser, 12 Deka Kartoffeln.

35 Deka geschälte Kartoffeln werden in Salzwasser zu einem Brei gekocht; aus Fett und Mehl macht man eine Einbrenn, rührt den Kartoffelbrei hinein, würzt mit Majoran, salzt und pfeffert, gießt mit Wasser auf und läßt die Suppe gut aufkochen.

Die anderen Kartoffeln werden würfelig geschnitten, eine halbe Stunde vor dem Anrichten in die Suppe gegeben und mitgekocht.

Zur Verbesserung kann man 2 Stück Suppenwürfel oder statt Majoran, geriebenen Schweizerkäse dazugeben.

25. Bayrische Kartoffelsuppe.

10 Deka Selchfleisch, 1/4 Kilo würfelig geschnittene Kartoffeln, 3 Deka Fett, 3 Deka Mehl, Salz und Pfeffer.

Selchfleisch und Kartoffeln werden separat weich gekocht; aus Fett und Mehl macht man eine Einbrenn, die mit dem Selch- und Kartoffelsud zur Suppe aufgegossen, gesalzen und gepfeffert wird.

Als Einlage gibt man die Kartoffeln und das kleinwürfelig geschnittene Selchfleisch.

26. Kartoffelbrei-Suppe (Kartoffelpüree-Suppe).

30 Deka Kartoffeln, 3½ Deka Fett, 3½ Deka Mehl, ¼ Liter Milch, Wasser zum Aufgießen, 2 Paar Würstel oder 10 Deka Selchfleisch, Salz.

Die Kartoffeln werden geschält, geviertelt und in Salzwasser weich gekocht, dann passiert. Aus Fett und Mehl macht man eine lichte Einbrenn, gießt zuerst mit etwas kaltem Wasser auf, dann rührt man die passierten Kartoffeln dazu, gießt Milch und Wasser nach Bedarf auf, salzt, läßt alles aufkochen und gibt blätterig geschnittene Würstel oder kleinwürfelig geschnittenes, gekochtes Selchfleisch als Einlage.

Hülsenfruchtsuppen.

27. Bohnensuppe.

12½ Deka Bohnen, ½ Liter Wasser, 3 Deka Butter, 2½ Deka Mehl, Petersilie, 1¼ Liter Wasser, Salz und Pfeffer, 1 Semmel.

Die weichgekochten, passierten Bohnen werden in eine lichte Einmach aus Butter und Mehl, in der man feingeschnittene Petersilie anrösten läßt, gemischt, mit Wasser aufgegossen, gesalzen und gepfeffert.

Einlage: Geröstete Semmelwürfel.

Eine Verbesserung dieser Suppe erzielt man, wenn man kleinwürfelig geschnittene Pökelzunge oder 15 Deka gekochtes, kleinwürfelig geschnittenes Selchfleisch oder Kalbfleisch hineingibt.

28. Erbsensuppe.

15 Deka Erbsen, 1 Liter Wasser, 4 Deka Fett, 3½ Deka Mehl, 1¼ Wasser, Salz und Pfeffer, 1 Semmel.

Geschälte, gespaltene, gelbe oder grüne Erbsen werden weich gekocht, passiert, zu einer Einbrenn aus Fett und Mehl gerührt, mit Wasser aufgegossen, gesalzen und gepfeffert.

Einlage: Geröstete Semmelwürfel.

Anmerkung: Falls man zum Kochen der Erbsen hartes Wasser verwenden muß, fügt man diesem 1 Gramm doppelkohlensaures Natron per ½ Liter Wasser bei.

29. Linsensuppe.

15 Deka Linsen, 1 Liter Wasser, Einbrenn 4 Deka Fett, Einbrenn 3 Deka Mehl, ½ Deka Zwiebeln, ⅛ Deka Petersilie, 1¼ Liter Wasser, ½ Eßlöffel Essig, Salz, 1 Semmel.

Linsen werden in kaltem, weichem Wasser auf den Herd gestellt, weich gekocht und passiert. Dann macht man aus Fett und Mehl eine Einbrenn, gibt fein geschnittene Zwiebeln und Petersilie und die passierten Linsen hinein, gießt mit Wasser auf, säuert mit ein wenig Essig und läßt alles gut verkochen.

Einlage: Gebähte Semmelschnitten oder geröstete Brot- oder Semmelwürfel.

Verbesserung: Man kann die gesalzene Suppe auch mit Pfeffer und Zitronensaft würzen sowie gekochte, geschälte, in Scheiben geschnittene Frankfurter Würstchen als Einlage hineingeben.

Eingebrannte Gemüse.

30. Eingemachter Blumenkohl (Karfiolgemüse).

1½ Rosen Karfiol, Salzwasser, 5 Deka Butter, 3 Deka Mehl, Petersilie, Salz, Pfeffer, Wasser (oder Suppe).

Der Karfiol wird geputzt, in Salzwasser weichgekocht und in kleine Röschen geteilt. Hernach macht man eine Buttereinmach, in die man fein geschnittene Petersilie gibt, gießt mit Wasser oder Suppe auf, salzt, pfeffert und gibt die Karfiolröschen hinein, die man noch aufkochen läßt.

Auf gleiche Art können auch **Spargel, Schwarzwurzeln** und **Stachys** zubereitet werden.

Anmerkung: Karfiolblätter als Gemüse. Die zarten, grünen Karfiolblätter können in gleicher Weise wie Kohl oder Kohlpflanzen (siehe dort) zubereitet werden. Sie geben ein sehr schmackhaftes Gemüse.

31. Blaukohl.

4 Stück Blaukohl, Salz, 4 Deka Fett, 4 Deka Mehl, 2 Deka Zucker, 1/8 Liter Milch, ½ Kilo Kastanien, 8 Deka Zucker, 1/16 Liter Milch oder Wasser.

Der Kohl wird von den Rippen befreit, gewaschen, in Salzwasser weichgekocht, kalt übergossen und fein gehackt. Aus Fett und Mehl macht man eine lichte Einbrenn, gibt Zucker, den gehackten Kohl, Salz, 1/8 Liter Milch und die Kastanien (Zubereitung siehe unten) dazu und läßt den Kohl noch eine halbe Stunde dünsten.

Die Kastanien werden gebraten, geschält, in 8 Deka gebräunten Zucker gegeben, mit 1/16 Liter Milch aufgegossen und eindünsten gelassen.

32. Eingebrannte grüne Bohnen (Schnittbohnen).

¾ Kilo grüne Bohnen, Salzwasser, 4 Deka Fett, 4 Deka Mehl, Petersilie, Salz, 1/8 Liter Rahm.

Die Bohnen werden gewaschen, geputzt, feinnudelig geschnitten, in kochendes Salzwasser gegeben, weichgekocht und abgeseiht. Dann macht man eine Einbrenn, läßt ein wenig Petersilie darin aufschäumen, gießt mit Gemüsewasser auf, gibt die Bohnen hinein, läßt sie aufkochen und gibt Salz und Rahm dazu.

Auf gleiche Art können auch Wachsbohnen zubereitet werden.

33. Eingebrannte grüne Bohnen mit Zucker.

½ Kilo grüne Bohnen, Zitronensaft, 1 bis 2 Löffel Zucker, Salz, 3 Deka Butter, 1 bis 2 Deka Mehl und Suppe.

Grüne Bohnen werden geputzt, in Salzwasser gekocht und abgeseiht. Aus Butter und Mehl macht man eine lichte Einmach, gibt die Bohnen, Zitronensaft, Zucker und Salz hinein und gießt mit Suppe auf.

34. Erbsen in Buttersoß.

¼ Kilo Erbsen, 4 Deka Butter, 2 Deka Mehl, Suppe oder Wasser, Salz und Zucker.

Die Erbsen werden in Salzwasser weichgekocht, abgeseiht und abgeschreckt. Aus Butter und Mehl wird eine lichte Einmach gemacht, diese mit Suppe oder Erbsenwasser aufgegossen, die Erbsen dazugegeben, gezuckert, gesalzen und aufkochen gelassen.

35. Eingebrannte Goldrübchen (Karotten).

½ Kilo Goldrübchen, 3 Deka Fett, 2 Deka Mehl, Salz, Zucker.

Die geputzten Goldrübchen werden nudelig geschnitten, in Salzwasser gekocht, in eine lichte Einbrenn gegeben, mit Gemüsewasser aufgegossen, gezuckert, gesalzen und gut verkocht. Nach Geschmack kann man auch in Salzwasser gekochte grüne Erbsen dazugeben.

36. Kochsalat.

3 Häuptel Kochsalat, Salzwasser, 3 Deka Fett, 2 Deka Mehl.

Der Kochsalat wird geputzt, gewaschen, in kochendes Salzwasser gegeben und nicht zugedeckt 10 Minuten gekocht, abgeseiht, grob gehackt, in eine lichte Einbrenn gegeben, mit Gemüsewasser aufgegossen und gut verkocht.

Zur Verbesserung kann man auch in Salzwasser gekochte grüne Erbsen dazugeben.

37. Eingebrannter Kohl.

2 große Kohlköpfe, Salzwasser, 3 Deka Fett, 3 Deka Mehl, Petersilie, 20 Deka Kartoffeln.

Der Kohl wird geputzt, von den groben Blattrippen und Strünken befreit, gewaschen, grobnudelig geschnitten und in Salzwasser in einem offenen Gefäß gekocht. Aus Fett und Mehl macht man eine lichte Einbrenn, gibt Petersilie dazu, gießt mit Suppe oder Wasser auf, gibt den Kohl hinein, salzt und läßt den Kohl noch eine Viertelstunde kochen.

Nach Geschmack kann man auch geschälte, würfelig geschnittene Kartoffeln mitkochen.

38. Kohlsprossen.

½ Kilo Kohlsprossen, Salz, 3 Deka Fett oder Butter, etwas Suppe, 4 Deka Fett oder Butter, 1 Kaffeelöffel Mehl.

Die Sprossen werden geputzt, gewaschen und in 3 Deka Butter mit Suppe oder Wasser weich gedünstet. Aus 4 Deka

Butter und Mehl macht man hierauf eine lichte Einmach, gießt mit Suppe auf, salzt, rührt die Sprossen dazu und läßt sie aufkochen.

39. Eingebrannte Kohlrabi.

4 Stück Kohlrabi, Salzwasser, 4 Deka Fett oder Butter, 1 Deka Zucker, 3 Deka Mehl, Petersilie, Wasser (oder Rindsuppe).

Kohlrabi werden geschält, blätterig geschnitten und in Salzwasser weich gekocht. Dann läßt man in heißem Fett Zucker gelb werden und Mehl nebst etwas feingewiegter Petersilie rösten. Diese Einbrenn gießt man mit Wasser oder Rindsuppe auf, salzt, pfeffert und zuckert sie und gibt die gekochten Kohlrabi hinein.

Anmerkung: Wenn die Kohlrabi noch sehr zart und jung sind, kann man einen Teil der Blätter separat 8 Minuten in Salzwasser kochen, fein wiegen und in die Einbrenn geben.

40. Eingebrannte Linsen.

¼ Kilo Linsen, Wasser, 5 Deka Fett, 4½ Deka Mehl, ½ Deka Zwiebeln, Zitronenschalen, Thymian, Wasser (oder Rindsuppe), Essig, Salz.

Linsen werden in Wasser weich gekocht. In einer dunklen Einbrenn röstet man feingehackte Zitronenschalen, Zwiebeln, Petersilie und Thymian an, gießt mit Wasser oder Rindsuppe auf, gibt die gekochten Linsen hinein, säuert sie mit Essig oder Zitronensaft und läßt sie aufkochen.

41. Wiener Sauerkraut.

¾ Kilo Sauerkraut, Wasser, 3 Deka Fett, 3 Deka Mehl, Salz, 1 Deka Zwiebeln, 5 Deka Kartoffeln.

Das Sauerkraut wird mit kaltem Wasser zugestellt und eine Stunde weich gekocht. Ist das Kraut zu sauer, so wechselt man das Wasser einmal, während es kocht, doch darf dies nicht erst dann geschehen, wenn das Kraut schon weich ist, da es sonst an Geschmack einbüßt. Hierauf wird eine goldgelbe Einbrenn gemacht, feingehackte Zwiebeln darinnen geröstet, das Kraut samt dem Wasser und einem halben rohgeriebenen Kartoffel hineingegeben, mit Wasser oder Suppe aufgegossen und gesalzen.

42. Rhabarbergemüse.

¾ Kilo Rhabarberblätter, 4 Deka Fett oder Butter, 4 Deka Mehl, Petersilie, Salz, Pfeffer.

Die Blätter werden in Salzwasser weich gekocht und fein gehackt. Aus Fett und Mehl macht man eine lichte Einbrenn, gibt die gehackten Blätter hinein, salzt und pfeffert nach Geschmack, gießt mit Wasser oder Suppe auf und läßt das Gemüse aufkochen.

Erwünschten Falles kann man das Gemüse mit 1 Dotter legieren.

43. Saure Rüben.

½ Kilo saure Rüben, Salzwasser, 5 Deka Speckschwarten oder Speckscheiben, 1 Deka Zucker, 3 Deka Fett, 2 Deka Mehl, Wasser.

Die Rüben werden in Salzwasser mit Speckschwarten oder Speckscheiben und Zucker 1 Stunde gekocht. Hierauf macht man eine lichte Einbrenn, gibt die Rüben hinein und läßt sie noch eine halbe Stunde kochen.

Wenn die Rüben zu stark sauer sind, brüht man sie vor dem Kochen mit heißem Wasser ab.

44. Weiße Rüben.

5 Stück weiße Rüben, Salzwasser, 4 Deka Fett, 3 Deka Mehl, Zucker, Essig und Salz.

Die Rüben werden geschält, kleinwürfelig geschnitten, in Salzwasser weich gekocht, abgeseiht, in eine lichte Einbrenn gegeben, mit Wasser oder Suppe aufgegossen und nach Geschmack mit Salz, Zucker und Essig vermischt.

Man kann auch den Zucker in der Einbrenn braun werden lassen, bevor man die Rüben hineingibt.

45. Spinat.

¾ Kilo frischer oder 15 Deka gedörrter Spinat, Salz, 3 Deka Fett, 3 Deka Mehl, ⅛ Liter Milch, Wasser oder Suppe, Salz und Pfeffer.

Frischer Spinat wird geputzt, gewaschen, in Salzwasser in einem offenen Gefäß 15 Minuten gekocht, abgeseiht, ausgedrückt und gehackt oder passiert. Den gekochten zerkleinerten Spinat gibt man in eine lichte Einbrenn, gießt mit Milch und Suppe oder dem Gemüsewasser auf, gibt Salz und Pfeffer nach Geschmack dazu und läßt den Spinat einige Minuten kochen.

46. Ungarischer Spinat.

¾ Kilo Spinat, Salzwasser, 6 Deka Speck, 3 Deka Mehl, Petersilie, ⅜ Liter Milch, Salz.

Der Spinat wird geputzt, gut gewaschen und in Salzwasser unzugedeckt weich gekocht, abgeseiht und fein gehackt. In den kleinwürfelig geschnittenen, angelaufenen Speck gibt man Petersilie, staubt dann mit Mehl, gibt nach dessen Anrösten den feingehackten Spinat hinein, gießt mit heißer Milch auf, salzt und läßt das Gemüse gut verkochen.

Gedünstete Gemüse.

47. Gedünstete Erbsen mit Bröseln.

¼ Kilo Erbsen, Salz, 4 Deka Butter, etwas Zucker, 3 Deka Semmelbröseln.

Erbsen werden in Salzwasser weich gekocht, abgegossen, in heiße Butter gegeben, gesalzen, gezuckert und mit Semmelbröseln bestreut serviert.

48. Gedünstete Erbsen.

4 Deka Butter, 1 Deka Zucker, etwas Rindsuppe, ¼ Liter Erbsen, Salz.

Butter läßt man heiß werden, gibt die gewaschenen Erbsen hinein, salzt, gießt mit Rindsuppe auf und dünstet die Erbsen weich. Dann gibt man Zucker dazu und gießt nach Bedarf Suppe nach.

49. Goldrübchen (Karotten).

½ Kilo Goldrübchen, 5 Deka Fett, Petersilie, Zucker, 2 Deka Mehl, Wasser, Salz.

Goldrübchen werden geputzt, feinnudelig geschnitten, mit feingehackter Petersilie in Fett gedünstet, gezuckert, gestäubt, mit Wasser oder Suppe aufgegossen, gesalzen und aufgekocht.

50. Goldrübchen (Karotten) mit grünen Erbsen.

¼ Kilo grüne Erbsen, 3 Deka Fett und ½ Kilo Goldrübchen (Karotten), 4 Deka Fett, 3 Deka Mehl, 2 Deka Zucker, Salz.

Die Goldrübchen werden geputzt, gewaschen und feinnudelig geschnitten und dann in Fett mit etwas grüner Petersilie unter Zugießen von etwas Wasser weich gedünstet. Ebenso dünstet man die gewaschenen Erbsen, die man etwas später zustellt, da sie schneller weich werden. Hernach mischt man die Erbsen und Goldrübchen zusammen, stäubt sie, gießt mit Wasser oder Suppe auf, gibt Zucker und Salz hinein und läßt sie gut verkochen.

51. Gedünstete Kohlsprossen.

½ Kilo Kohlsprossen, 3 Deka Butter, Salz, etwas Zucker und Suppe.

Die Kohlsprossen werden geputzt, gewaschen, in heiße Butter gegeben, gesalzen, gezuckert und unter Zugießen von etwas Suppe weich gedünstet.

52. Grün gedünsteter Kohl.

4 grüne Kohlhäuptel, 4 Deka Fett, ½ Deka feingehackte Petersilie, 3 Deka Butter, 3 Deka Mehl, Salz.

Der Kohl wird gewaschen, geviertelt, 5 Minuten in Salzwasser gekocht und abgeschreckt. In heißem Fett läßt man Petersilie anrösten, gibt den Kohl dazu, gießt mit Rindsuppe oder Wasser auf, läßt ihn weich dünsten, verrührt den Kohl dann mit einer Buttersoß, läßt ihn nochmals aufkochen und gibt Salz und Pfeffer nach Geschmack dazu.

53. Süßkraut.

7 Deka Fett oder Butter, 4 Deka Zucker, ¾ Kilo feingeschnittenes Kraut, 1 Deka Mehl, Salz, Wasser, Essig.

Man läßt in heißem Fett Zucker bräunen, gibt das feinnudelig geschnittene Weißkraut hinzu und dämpft es unter Beimengung von wenig Wasser weich. Dann wird es gesalzen, mit Mehl gestäubt und sobald dieses angeröstet ist, mit Wasser oder Suppe aufgegossen und nach Geschmack mit Essig gesäuert.

54. Rotkraut.

7 Deka Fett oder Butter, 2 Deka Zucker, ¾ Kilo feingeschnittenes Rotkraut, Salz, 1 Apfel, Wasser, 1 Deka Mehl, Wasser, Rotwein, Essig

In heißes Fett gibt man Zucker, dann das nudelig geschnittene Rotkraut und den feinblätterig geschnittenen Apfel und läßt es unter Beimengung von Wasser weich dämpfen. Dann wird es gestäubt; sobald das Mehl angeröstet ist, wird mit Wasser aufgegossen, das Kraut nochmals aufgekocht und Rotwein und Essig nach Geschmack dazugegeben.

55. Einfaches Sauerkraut.

¾ Kilo Sauerkraut, 5 Deka Fett, 1 Deka Zwiebeln, Salz.

Das Sauerkraut wird in wenig Wasser weich gekocht, dann läßt man in heißem Fett feingehackte Zwiebeln anrösten und mischt das gekochte, gesalzene Sauerkraut darunter.

56. Gedünstetes Sauerkraut.

½ Kilo Sauerkraut, 5 Deka Speck oder Krameln, 1 Deka Mehl, Salz.

Das Sauerkraut wird nach Hinzugabe von ein wenig Wasser in einer Kasserolle weich gedämpft. Dann läßt man in einer zweiten Kasserolle kleinwürfelig geschnittenen Speck anrösten, den man mit Mehl stäubt und nachdem auch dieses genügend angeröstet ist, mit dem gedämpften Kraut vermischt.

57. Kürbisgemüse.

1 kleiner Kürbis, 5 Deka Fett, Salz, Paprika, 1 Deka Zwiebeln, ⅛ Liter Rahm, 2 Deka Mehl.

Der Kürbis wird geschält, nudelig geschnitten, gesalzen, 20 Minuten stehen gelassen, hierauf fest ausgedrückt, in heißes Fett gegeben, mit Zwiebeln, Paprika weich gedünstet, mit 2 Deka Mehl gestäubt, mit Suppe oder Wasser und Rahm aufgegossen und aufgekocht.

Durch Beigabe von Dillenkraut kann der Geschmack dieses vorzüglichen Gemüses gehoben werden.

58. Ungarisches Kraut.

½ Kilo Kraut, 2 Deka Zwiebeln, 1 Deka Zucker, 6 Deka Bratfett, 3 Deka Mehl, 1/16 Liter Rahm, Paprika.

Zucker und Zwiebeln läßt man in Bratfett anlaufen, gibt das Sauerkraut hinein und dünstet es unter Zugabe von etwas Wasser weich, dann stäubt man das Kraut, gießt wieder mit Wasser auf, gibt Salz, Rahm und Paprika dazu und läßt alles gut verkochen.

59. Spinat (ohne Einbrenn).

Junger Spinat wird geputzt, gut gewaschen, in eine Kasserolle gegeben und unter öfteren Umrühren im eigenen Wasser weich gekocht. Der Spinat wird passiert, in heiße Butter gegeben und gesalzen.

Man kann den Spinat auch mit Schlagobers und 1 Dotter legieren.

Verschiedene Beilagen.

60. Erbsenbrei (Erbsenpüree) von frischen Erbsen.

¼ Liter Erbsen, 4 Deka Butter oder Fett, 4 Deka Mehl, Salz, Pfeffer, Suppe oder Wasser.

Frische Erbsen werden weich gekocht, abgeseiht und passiert. Aus Fett und Mehl macht man eine lichte Einbrenn, rührt die Erbsen hinein, salzt, pfeffert, gießt mit Suppe oder Wasser auf und läßt das Püree aufkochen.

61. Erbsenbrei (Erbsenpüree) von getrockneten Erbsen.

¼ Kilo gelbe Erbsen, Wasser, ¼ Zwiebel und Petersilie, 1½ Deka Fett, 5 Deka Fett, 4 Deka Mehl, Wasser (oder Rindsuppe), 3 Deka Fett, 3 Deka Zwiebeln.

Die Erbsen werden mit in Fett angeröst·eter Petersilie und Zwiebeln in Wasser weich gekocht und passiert.

Die passierten Erbsen werden in eine Einbrenn aus Fett und Mehl gemischt, mit Wasser oder Rindsuppe vergossen, gesalzen und nach längerem Verkochen mit kleingehackten, in Fett braungerösteten Zwiebeln oder Zwiebelringen bestreut.

Anmerkung: Auf die gleiche Art bereitet man Linsen- und Bohnenpüree; alle diese Pürees können auch ohne Einbrenn bereitet und nur mit heißer Butter oder heißem Fett abgeschmalzen werden. Grünes Erbsenpüree (aus großen grünen Erbsen) wird zumeist ohne Einbrenn hergestellt.

62. Risipisi.

20 Deka Reis, 8 Deka Butter oder Fett, ½ Deka grüne Petersilie, ⅛ Liter grüne Erbsen, etwas Suppe.

Die Erbsen werden mit Petersilie halb weich gedünstet, dann gibt man den Reis dazu, gießt mit kochender Suppe auf, salzt und läßt den Reis in der Röhre zugedeckt ausdünsten. Man drückt das Risipisi leicht in eine Form ein, stürzt es und kann es mit geriebenem Parmesan (seltener auch mit geröstetem Speck) überstreuen.

63. Böhmische Erbsen.

½ Kilo gelbe Erbsen, Wasser, Fett für die Kasserolle, 8 Deka Fett, 6 Deka Bröseln, 5 Deka Zwiebeln, 4 Deka Fett.

Die weichgekochten gelben Erbsen werden nicht passiert, sondern in eine mit Fett angestrichene Kasserolle, ungefähr 3 Zentimeter hoch, geschichtet, mit angerösteten Semmelbröseln und angerösteten nudelig geschnittenen Zwiebeln dicht bestreut und noch 20 Minuten im Rohr gebacken. Man trachte beim Stürzen der Erbsen auf die Servierschüssel die Kruste nicht zu brechen.

64. Specklinsen.

38 Deka Linsen, Wasser, 5 Deka Speck, Salz.

Zu kleinwürfelig geschnittenem, gelb geröstetem Speck werden in Wasser gekochte, abgeseihte und gesalzene Linsen gemischt.

65. Preßkohl.

3 Kohlköpfe, 3 Deka Pilze, Petersilie, Salz, Zwiebel, 3 Deka Fett, 15 Deka Speck.

Die Kohlköpfe werden geputzt und entblättert, die Kohlblätter 2 Minuten in Salzwasser gekocht, mit kaltem Wasser übergossen, ausgedrückt und zum Abtropfen auf ein Sieb gelegt; dann werden sie auf einer Seite mit gerösteten feinen Kräutern bestrichen, eingerollt in eine Pfanne gelegt, darüber Speckscheiben gelegt, die man vorher mit 2 bis 3 Einschnitten versieht, etwas Wasser oder Suppe aufgegossen und beiläufig 10 Minuten im Rohr gedünstet.

66. Apfelkren.

½ Kilo Äpfel, $^1/_{16}$ Liter Essig, 3 Deka Kren, 3 Deka Zucker.

Äpfel werden geschält, gerieben, mit gewässertem Essig, geriebenem Kren und Zucker vermengt.

67. Mandelkren.

¼ Liter Obers, 1 Deka Mehl, 1 Deka Butter, 1 Deka Mandeln, 1 Deka Zucker, 3 Deka Kren.

In kaltes Obers oder Milch wird Mehl eingequirlt. Dann wird die Milch bis zum Sieden erhitzt, mit Butter, geschälten, fein geriebenen Mandeln, Zucker und geriebenem Kren vermischt und nochmals kurz aufgekocht.

68. Semmelkren.

4 Stück Semmeln, $^1/_8$ Liter Suppe, $^1/_8$ Liter Milch, 1 Deka Mehl, 3 Deka Kren, Salz.

Semmeln werden blätterig geschnitten, mit siedender Suppe übergossen und darin weichgekocht. Milch wird mit Mehl abgesprudelt, mit den Semmeln, Salz und geriebenem Kren vermengt und verkocht.

Verbesserung: Man kann die Milch statt mit Mehl mit Dottern (1 Dotter) absprudeln, wodurch der Semmelkren wesentlich verbessert wird.

Soßen.

69. Dillsoß.

3 Deka Fett, 3 Deka Mehl, Petersilie, ½ Deka Zwiebeln, 1 Büscherl Dillkraut (1¼ Deka), Wasser (oder Rindsuppe), Salz, Zitronensaft, $^1/_{16}$ Liter Rahm.

Zwiebeln, Petersilie und Dillkraut werden fein gewiegt, in einer gelben Einbrenn angeröstet und mit Wasser oder Rindsuppe aufgegossen. Die Soß wird gesalzen, mit ein wenig Zitronensaft gesäuert und mit saurem Rahm vermengt.

Anmerkung: Zu einer Zeit, wo Dillkraut teuer ist, nimmt man wenig davon und gibt dafür etwas Dilleneſſig in die Soß, den man zu Zeiten anſetzt, zu welchen Dillkraut billig erhältlich ist.

70. Gurkenſoß aus friſchen Gurken.

1 Gurke, Salz, 3 Deka Fett, 3 Deka Mehl, Dillkraut, 1 Löffel Eſſig oder Rahm.

In einer lichten Einbrenn läßt man feingewiegtes Dillkraut und Peterſilie anröſten, gießt mit ſehr wenig Waſſer auf, gibt die geſchälte, feinblätterig geſchnittene, geſalzene Gurke hinein und läßt ſie ungefähr eine halbe Stunde kochen. Eſſig und Rahm gibt man nach Geſchmack dazu.

71. Gurkenſoß aus Eſſig- oder Salzgurken.

3 Deka Fett, 3 Deka Mehl, feingewiegte Peterſilie, 1 größere Salzgurke oder 5 Eſſiggurken, Rahm, Salz.

In einer lichten Einbrenn läßt man Peterſilie anröſten, gießt mit Waſſer auf, läßt die Soß aufkochen, gibt die geſchälten, blätterig geſchnittenen Gurken hinein, läßt ſie mitkochen und gibt Rahm und Salz nach Geſchmack dazu. Man kann auch einige blätterig geſchnittene, gekochte Kartoffeln dazugeben.

72. Paradiesapfelſoß (Paradeisſoß).

½ Kilo Paradiesäpfeln, Peterſilie, ⅛ Liter Waſſer, 2 Deka Fett, 4 Deka Butter, 3 Deka Mehl, 1 kleine gelbe Rübe, 1 kleine Peterſilie, 1 Stückchen Zwiebel, Zucker, Salz, Eſſig oder Zitronenſaft, Suppe oder Waſſer.

Die Paradiesäpfel werden gewaſchen und auseinandergebrochen. Die blätterig geſchnittenen Wurzeln werden in 2 Deka Fett angeröſtet, die Paradiesäpfel, Peterſilie und das Waſſer dazugegeben und weich gedünſtet. Aus Butter und Mehl macht man eine lichte Einmach, rührt die gedünſteten Paradiesäpfeln dazu, ſalzt und zuckert, läßt alles aufkochen und paſſiert es. Dann gießt man mit Suppe oder

Wasser auf, gibt Zitronensaft oder Essig und nach Geschmack Zucker dazu.

73. Pilzsoß.

1/8 Kilo Pilze, 5 Deka Butter oder Fett, 3 Deka Mehl, Petersilie, Salz, Zitronensaft oder sauren Rahm.

Feinblätterig geschnittene Pilze werden in Butter oder Fett mit etwas feingewiegter Petersilie weich gedämpft, mit Mehl gestäubt, mit Wasser aufgegossen, gesalzen, aufgekocht und nach Geschmack mit Zitronensaft oder Rahm vermengt.

Man kann die Pilze auch in Salzwasser kochen, blätterig schneiden, in eine Einmach geben und mit dem Pilzsud aufgießen.

74. Zwiebelsoß.

12 Deka Zwiebeln, 2 Deka Zucker, 3 Deka Fett, 3 Deka Mehl, Wasser, Salz, 1 Löffel Essig.

Blätterig geschnittene Zwiebeln werden mit Zucker in Fett angeröstet und mit Mehl gestäubt, dann wird Wasser oder Suppe aufgegossen und gut verkocht. Diese Soß wird passiert, gesalzen und mit Essig gesäuert.

Kartoffel-Beilagen.

75. Kartoffelschmarren.

1 Kilo Kartoffeln, 8 Deka Fett, Salz.

Die Kartoffeln werden gewaschen, gekocht, geschält und blätterig geschnitten. Das Fett läßt man heiß werden, salzt es, gibt die geschnittenen Kartoffeln dazu und läßt sie eine Viertelstunde anrösten.

Anmerkung: Nach Geschmack kann man auch feingehackte Zwiebeln im Fett anrösten bevor man die Kartoffeln dazugibt.

76. Gestürzte Kartoffeln.

Eine Kasserolle wird mit Fett ausgestrichen, mit Bröseln bestreut, der Kartoffelschmarren (siehe oben) fest eingedrückt, eine halbe Stunde in der Röhre gebacken und dann auf eine Schüssel gestürzt.

77. Eingebrannte Kartoffeln.

¼ Kilo Kartoffeln, 2 Deka Zwiebeln, Essig, Salz, Pfeffer, Thymian, 5 Deka Fett, 6 Deka Mehl.

Aus Fett und Mehl macht man eine Einbrenn, gibt den feingeschnittenen Thymian und Zwiebel dazu und röstet alles schön braun an. Dann gießt man mit Suppe oder Wasser auf, würzt mit Essig, salzt und pfeffert, gibt die gekochten blätterig geschnittenen Kartoffeln dazu und läßt alles gut verkochen.

78. Petersilien-Kartoffel.

1 Kilo Kartoffeln, 6 Deka Butter oder Fett, Salz, 1 Eßlöffel feingewiegte, grüne Petersilie.

Die Kartoffeln werden geschält, geviertelt, halbweich gekocht, in die gesalzene heiße Butter gegeben und zugedeckt in der Röhre weich gedünstet, dann mit der fein gehackten, grünen Petersilie überstreut.

79. Kartoffeln in Majoransoß.

4 Deka Butter oder Fett, 4 Deka Mehl, grüne Petersilie, 1 Deka Zwiebeln, Majoran, ½ Kilo gekochte, blätterig geschnittene Kartoffeln, Salz.

Aus Fett und Mehl macht man eine lichte Einbrenn, gibt die feingeschnittene Petersilie, Zwiebel und Majoran dazu, gießt mit Suppe oder Wasser auf, rührt die blätterig geschnittenen Kartoffeln hinein, salzt und läßt alles gut verkochen.

80. Kartoffeln mit Sardellen.

4 Deka Butter oder Fett, 2 Deka Mehl, ¼ Kilo gekochte, würfelig geschnittene Kartoffeln, 3 bis 4 feingeschnittene Sardellen, Petersilie und Salz.

Aus Fett und Mehl macht man eine Einbrenn, gießt diese mit Wasser und Rahm auf und läßt sie gut verkochen. Dann salzt man, gibt die Petersilie, die feingeschnittenen Sardellen und die Kartoffeln dazu und läßt alles gut verkochen.

81. Kartoffelbrei (Kartoffelpüree).

¾ Kilo Kartoffeln, ½ Liter Milch, Salz, 4 Deka Butter.

Die Kartoffeln werden geschält, gekocht und durch ein Haarsieb passiert, dann mit Butter, Milch und Salz gut verrührt und aufkochen gelassen. Bevor man den Brei zu Tisch bringt, kann man ihn mit in Butter gerösteten Bröseln oder gerösteten Zwiebeln überstreuen.

82. Kartoffelnudeln.

½ Kilo gekochte, passierte Kartoffeln, 12 Deka Mehl, 1 Ei, Salz, 5 Deka Fett, 4 Deka Semmelbrösel.

Kartoffeln werden mit Mehl, Ei und Salz zu einem Teig verknetet und 10 Minuten rasten gelassen, dann formt man kleine Nudeln, gibt sie in kochendes Salzwasser, läßt sie gut aufkochen, seiht und schreckt sie ab, gibt sie in die mit Fett geröstete Brösel und läßt sie noch 10 Minuten in der Röhre dünsten.

83. Gebackene Kartoffelknödel.

6 Deka Butter oder Fett, 2 Dotter, 1 Ei, Salz, 4 große Kartoffeln, zum Panieren 1 Ei, 4 Deka Brösel, zum Backen 10 Deka Fett.

Butter wird schaumig gerührt, hierauf mit den Dottern, dem Ei, Salz und den gekochten, passierten Kartoffeln verrührt. Aus der Masse formt man nußgroße Knödel, paniert diese dann in Ei und Bröseln und backt sie aus dem Fett.

Man kann diese Knödel nicht nur als Beilage, sondern auch als Einlage zu Suppen (z. B. Kohl- und Kochsalatsuppe) geben.

84. Kartoffelröllchen.

30 Deka gekochte, passierte Kartoffeln, 3 Deka Butter, 2 Dotter, Salz und Pfeffer, 15 Deka Fett.

Butter wird schaumig gerührt; dann gibt man Dotter, Salz und die Kartoffeln dazu, vermengt dieses zu einem Teig aus welchem man kleine Würstchen formt und diese aus heißem Fett goldbraun bäckt.

85. Gebratene Kartoffeln ohne Schale.

1 Kilo Kartoffeln.

Die Kartoffeln werden roh geschält, gewaschen, abgetrocknet, auf ein Blech gegeben und in der Röhre hellgelb gebraten.

86. Prinzessinnen-Kartoffeln.

35 Deka Kartoffeln, 5 Deka Butter, 1 Ei, Salz.

Die Kartoffeln werden gekocht und passiert. Die Butter rührt man schaumig, gibt Salz, das Ei und die passierten Kartoffeln dazu, dressiert kleine Krapferln auf ein bestrichenes Backblech, die man eine Viertelstunde in heißer Röhre backt.

Salate.

87. Spargelsalat.

½ Kilo Spargel, Salzwasser, ⅛ Liter Essig, 1/16 Liter Öl.

Spargel wird geputzt, gewaschen, in Stücke geschnitten, in Salzwasser gekocht, abgeseiht und noch warm mit Öl und Essig übergossen.

Ebenso zubereitet werden **grüne Erbsen, Blumenkohl, Stachys** und **Schwarzwurzeln.**

88. Grüner Bohnensalat.

½ Kilo grüne Bohnen, Salzwasser, Öl, Essig, Salz und Pfeffer.

Die von den Fäden befreiten grünen Bohnen werden gewaschen und schief nudelig geschnitten; dann werden sie in Salzwasser gekocht, abgeseiht und nach dem vollständigen Abtropfen mit Öl, Essig, Salz und Pfeffer gut vermischt.

Auch aus **Wachsbohnen** kann man Salat bereiten. Dieselben werden von den Fäden befreit und in Salzwasser gekocht, dann mit Essig, Öl und Salz vermischt.

89. Gurkensalat.

3 Gurken, Salz und Pfeffer, Essig, Öl.

Die Gurken werden geschält, in dünne Scheiben geschnitten, mit Salz, Essig und Öl vermischt und mit Pfeffer oder Paprika bestreut.

90. Häuptelsalat (Kopfsalat).

3 Salathäupteln, ½ Deziliter Öl, ½ Deziliter Essig, Salz.

Guter Salat muß frisch gepflückt sein und zarte Blätter haben. Nachdem man die Häuptel von den äußersten dunklen Blättern befreit und den inneren festen Teil in 4 oder 8 Teile geschnitten hat, wird der Salat in öfters gewechseltem Wasser schnell gewaschen. Dann schwenkt man ihn in einem Salatschwinger oder legt ihn in Ermangelung eines solchen auf ein Sieb, worauf man ihn zur vollständigen Entfernung des anhaftenden Wassers in einem an den Enden zusammengefaßten reinen Tuch schüttelt. Kurz vor dem Anrichten wird der Salat gesalzen, zunächst mit Öl allein, dann noch mit Essig gut untereinander gemischt.

Einen feineren Geschmack dieses Salates erzielt man durch Zuckern des Essigs.

91. Kartoffelsalat.

¾ Kilo Kartoffeln, Salz, 3 Deka Zwiebeln, Essig und Öl.

Die Kartoffeln werden gekocht und blätterig geschnitten. Essig wird mit etwas Wasser und Salz verquirlt darüber gegossen, alles mit dem Öl vermengt und in eine Schüssel gegeben.

Nach Geschmack kann man den Salat auch mit feingeschnittenen Zwiebeln bestreuen.

92. Kalter Krautsalat.

1 kleiner Krautkopf, Salz und Kümmel, 1 Deziliter Essig, ½ Deziliter Öl.

Ein Krautkopf wird feinnudelig geschnitten und mit Salz, Essig, Kümmel und Öl gut vermengt. Der Salat soll mindestens eine Stunde vor der Mahlzeit bereitet werden.

93. Kartoffelsalat mit Mayonnaise.

¾ Kilo Kartoffeln, 1 Dotter, 3 Eßlöffel Öl, 1 Kaffeelöffel Senf, Essig und Pfeffer.

Die Kartoffeln werden gekocht, geschält, blätterig geschnitten, Dotter wird mit dem Öl tropfenweise verrührt, dann gibt man Senf, Salz, Pfeffer und Essig dazu und vermischt alles mit den gesalzenen, geschnittenen Kartoffeln. Sollte der Salat zu dick sein, kann man mit Essig oder Wasser verdünnen.

94. Warmer Krautsalat.

1 kleiner Krautkopf, 1 Deziliter Essig, 1 Deziliter Wasser, Salz und Kümmel, 6 Deka Speck.

Das feinnudelig geschnittene Kraut wird mit kochendem Wasser abgebrüht und das Wasser weggegossen, dann wird Essig mit Wasser, Salz und Kümmel kochend über das Kraut gegossen, nach viertelstündigem Stehen wird die Flüssigkeit abgeseiht, aufgekocht und wieder über das Kraut gegossen und dieser Vorgang drei- bis viermal wiederholt. Vor dem Anrichten wird kleinwürfelig geschnittener, angerösteter Speck über das angerichtete Kraut gegeben.

95. Gedünsteter warmer Krautsalat.

1 kleiner Krautkopf, 10 Deka Speck, 1 Deka Zwiebel, 1 Kaffeelöffel Kümmel, 1 Deziliter Essig, Salz.

Das Kraut wird feinnudelig, der Speck kleinwürfelig geschnitten und in einer Kasserolle gelb geröstet. Die Speckkrameln (Grieben) werden aus der Kasserolle entfernt, in dem zurückgebliebenen Fett aber werden feingeschnittene Zwiebeln und Kümmel leicht angeröstet, dazu Essig gegeben und das geschnittene, gesalzene Kraut weich gedämpft. Beim Anrichten streut man die warmen Speckkrammeln über das Kraut.

96. Linsensalat.

¼ Kilo Linsen, Salz, 1 Deziliter Essig, ½ Deziliter Öl.

Weichgekochte Linsen werden ausgekühlt, gesalzen und mit Essig und Öl vermischt.

Auf die gleiche Art kann auch aus **getrockneten Bohnen** Salat bereitet werden.

97. Paradeissalat.

3 frische, reife Paradiesäpfel, Essig und Öl, Salz, etwas Petersilie und gehackte Zwiebeln, Pfeffer.

Die Paradiesäpfel werden eine Sekunde in heißes Wasser getaucht, dann geschält, in dünne Scheiben geschnitten, mit Essig und Öl übergossen, gesalzen, gepfeffert und mit gehackten Zwiebeln und grüner Petersilie bestreut.

98. Rettichsalat.

2 Stück schwarze Rettiche, Salz, 1 Deziliter Essig, Zucker, Öl.

Schwarze Rettiche oder Radieschen werden geschält, in dünne Scheiben geschnitten, mit Salz bestreut und eine halbe Stunde lang an einem kühlen Orte aufbewahrt. Das aus den Rettichen ausgetretene Wasser gießt man ab und begießt die Rettiche mit wenig gezuckertem Essig und mit Öl.

99. Rote Rüben (kalt).

2 rote Rüben, 1/8 Krenwurzel, 1/4 Deka Kümmel, 1 Deziliter Essig, 1 1/2 Deka Zucker.

Gewaschene rote Rüben werden in kaltem Wasser auf den Herd gebracht, weich gekocht, geschält und in dünne Scheiben geschnitten. Diese werden in ein Glas- oder Porzellangefäß gefüllt, mit einigen Krenscheiben belegt, mit Kümmel bestreut und mit gekochtem Essig, in dem der Zucker aufgelöst wurde, übergossen.

Die roten Rüben können erst nach zwei- bis dreitägiger Ablagerung genossen werden.

100. Selleriesalat.

2 Sellerieknollen, Salz, 1/2 Zitrone, 1/8 Liter Essig, 1/16 Liter Öl, 1 Deka Zucker.

Sellerie wird geschält und in dünne Scheiben geschnitten, die man in gesalzenem und mit Zitronensaft gesäuertem Wasser weich kocht und mit Öl und gezuckertem Essig übergießt.

Man kann den Selleriesalat auch auf die Weise zubereiten, daß man die Sellerieknollen schält, im ganzen mit Salzwasser und Zitronensaft kocht, in überkühltes Wasser legt, dann in dünne Scheiben schneidet und mit Öl und gezuckertem Essig übergießt.

Gekochte Gemüse mit kalter Butter.

101. Schwarzwurzeln.

1 Bund Schwarzwurzeln, Salzwasser, 6 Deka Butter.

Schwarzwurzeln werden gewaschen, abgeschabt, in drei Zentimeter lange Stücke geschnitten und gleich in Milch oder Zitronenwasser gelegt, damit sie nicht braun werden.

Die Schwarzwurzeln werden in Salzwasser weich gekocht, auf einer Schüssel angerichtet und mit einigen Stücken frischer Butter belegt.

Auf gleiche Art können **grüne Bohnen** und **Kohlsprossen** zubereitet werden.

Gemüse mit Butter und Bröseln.

102. Gemüse auf polnische Art.

Blumenkohl, grüne Bohnen, Kohl, Kohlsprossen, Kochsalat, Mangoldstiele, Schwarzwurzeln, Spargel, Spinat, Stachys, Wachsbohnen oder nudelig geschnittene **Kohlrabi** oder geschälte in Scheiben geschnittene **Sellerie** (oder **Pastinak**) werden geputzt und gewaschen, in Salzwasser gekocht, abgeseiht und mit in Butter oder Fett gerösteten Bröseln übergossen.

103. Blumenkohl (Karfiol) mit Bröseln und Käse.

1 großer oder 2 kleine Rosen Karfiol, Salz, 2 Deka Käse, 2 Deka Brösel, 4 Deka Butter.

Die Karfiolrose wird in Salzwasser gekocht, abgeseiht, auf eine Schüssel gegeben, mit Bröseln und geriebenem Käse bestreut und mit brauner Butter übergossen.

Gemüse mit holländischer Soß.

104. Holländische Soß.

1/32 Liter Essig, 1/16 Liter Wasser, ½ Deka Schalotten, 2½ Deka Pfefferkörner, 2½ Dotter, 10 Deka Butter, Salz, Saft von einer Viertel Zitrone.

Essig und Wasser werden mit feingeschnittenen Schalotten und Pfefferkörnern fein verkocht und durchgeseiht. Nach dem Auskühlen gibt man Dotter dazu und schlägt die Flüssigkeit auf dem Herdrande, bis sie dick ist. Dann gibt man unter beständigem Rühren zerlassene Butter tropfenweise dazu und würzt die Soß mit Salz und Zitronensaft. Die Soß soll kurz vor dem Anrichten bereitet und warm aufgetragen werden. Falls sie gerinnt, gibt man einen Kaffeelöffel voll Wasser dazu und rührt sie so lange, bis sie wieder glatt ist.

Die Soß kann auch mit einem Löffel Buttereinmach verrührt werden.

104 a. Schwarzwurzeln mit holländischer Soß.

1 Bund Schwarzwurzeln, Salzwasser, ¼ Liter Milch, holländische Soß.

Die geputzten, in Stücke geschnittenen Schwarzwurzeln werden in Salzwasser, dem man Milch beigefügt hat, weich gekocht, abgeseiht, angerichtet und mit holländischer Soß übergossen.

Auf gleiche Art können auch **Artischoken, Blumenkohl, Stachys** und **Spargel** zubereitet werden.

Überkrustete (gratinierte) Gemüse.

105. Überkrustete Artischocken.

5 Artischocken, Salzwasser, 2½ Deka Parmesan, 1/32 Liter Öl, Butter für die Pfanne.

Von den Artischocken werden die Stengel und die Spitzen der Blätter abgeschnitten.

Die Artischocken werden in Salzwasser gekocht, abgeseiht, in eine leicht befettete Pfanne gelegt, mit geriebenem Parmesan bestreut, mit heißem Öl begossen und fünf Minuten ins heiße Rohr gestellt.

Statt des Öles kann man auch Butter verwenden.

106. Überkrustete Blumenkohlröschen.

1 Blumenkohl, Salzwasser, 3 Deka Butter, 3 Deka Mehl, ¼ Liter Milch, 2 Deka Käse, 2 Deka Brösel, 2 Deka Butter.

Blumenkohl wird in Salzwasser gekocht, in eine bestrichene, mit Bröseln bestreute Auflaufform gegeben, mit nachverzeichneter Soß übergossen, mit geriebenem Käse und Semmelbröseln bestreut, mit Butter betropft und eine Viertelstunde in die heiße Röhre gestellt.

Soß: 3 Deka Butter und 3 Deka Mehl werden zu einer Einmach verrührt, mit Milch aufgegossen und entsprechend gesalzen.

107. Überkrustete Eierfrüchte.

5 Stück Eierfrüchte (Auberginen, Melanzani), 5 Stück Champignons, 5 Deka Butter, Zwiebeln und Petersilie, 1 Dotter, Salz, Pfeffer, 2 Deka geriebener Käse, 2 Deka feine Brösel.

Die Eierfrüchte werden halbiert und ausgehöhlt. Das Ausgehöhlte wird mit Champignons, Zwiebeln und Petersilie, fein gehackt, in Butter geröstet, mit Dotter, Salz und Pfeffer verrührt, in die halbierten Früchte gefüllt, mit Parmesan und Bröseln bestreut, mit heißer Butter betropft, in eine flache, mit Butter ausgestrichene Pfanne gegeben und 10 Minuten in die heiße Röhre gestellt.

108. Schwarzwurzeln mit Béchamelsoß.

½ Kilo Schwarzwurzeln, Salzwasser, 4 Deka Butter, 3 Deka Mehl, ²/₈ Liter Milch, 1 Dotter, 1 Löffel Obers, Salz, Zitronensaft, 2 Deka Butter, 8 Deka Edelpilze, 4 Deka Parmesan, 2 Deka Brösel, 3 Deka Butter.

Die vorbereiteten Schwarzwurzeln werden in 2 Zentimeter lange Stücke geschnitten, in Salzwasser und Milch weich gekocht, abgeseiht, in befettete Muscheln oder eine Backform gehäuft, mit nachstehender Soß überzogen, mit geriebenem Parmesan und Bröseln bestreut, mit heißer Butter betropft und 10 Minuten lang in ein heißes Rohr gestellt.

Soß: Eine lichte Buttereinmach wird mit Milch aufgegossen, mit Dotter und Obers legiert, mit Salz, Zitronensaft und in Butter gerösteten Edelpilzen vermengt.

109. Stachys mit Béchamelsoß.

¼ Kilo Stachys, Salzwasser, 2½ Deka Butter, 2½ Deka Mehl, ⅛ Liter Wasser, ⅛ Liter Milch, 2 Dotter, Zitronensaft, Salz und Pfeffer, 2 Deka Butter, 2 Deka Brösel, 2½ Deka Parmesan.

Die gereinigten Stachys werden in Salzwasser gekocht, abgeseiht, auf einer Gratinierschüssel angerichtet, mit Béchamelsoß übergossen, mit Bröseln und geriebenem Parmesan überstreut und mit zerlassener Butter übertropft. Man stellt die Speise für die Dauer von 10 Minuten ins Rohr.

Béchamelsoß: Eine lichte Einmach wird mit Suppe aufgegossen, gut verkochen gelassen, mit Milch und Dottern legiert und mit Zitronensaft, Salz und Pfeffer gewürzt.

Verschiedene Gemüsespeisen.

110. Erbsen-Omelette.

¼ Liter weich gekochte, trockene Erbsen, 8 Deka Fett oder Butter, 3 Deka Mehl, ¼ Liter Milch, 1 Ei und Salz.

Mehl und Milch wird verquirlt, mit den passierten Erbsen verrührt und 7 Minuten kochen gelassen. Dann rührt man Salz und den Eidotter ein, läßt die Masse auskühlen, mengt den festen Schnee dazu, bäckt aus der Masse eine Omelette und bestreut sie mit gehacktem Selchfleisch und Parmesan.

Man kann auch frische Erbsen dazu verwenden.

111. Gemüseauflauf.

1/16 Liter grüne Erbsen, 1/8 Liter Kohlsprossen, ½ kleine Karfiolrose, 5 Deka Goldrübchen, 4 Deka Pilze, 1 Deka Butter, 3/16 Liter Milch, 3 Deka Fett oder Butter, 3 Deka Mehl, 3 Eier, Salz.

Grüne Erbsen, Kohlsprossen, in kleine Röschen zerteilter Karfiol und nudelig geschnittene Goldrübchen (Karotten) werden in Salzwasser gekocht, blätterig geschnittene Pilze in Butter gedünstet. Aus Milch, Butter und Mehl bereitet man eine dicke Béchamelsoß, die man nach dem Erkalten mit Dotter, Salz, den gekochten und ausgekühlten Gemüsen, den gedünsteten Pilzen und dem festen Schnee von 3 Klar vermengt. Das Ganze wird in eine mit Butter bestrichene Auflaufschüssel gefüllt und in der Röhre gebacken.

112. Gemüseknödel.

3 Semmeln, oder andere gleichschwere Weißbrote, 1 Deziliter Milch, 2 Eier, 5 Deka geriebener Käse, 8 Deka nudelig geschnittene, gedünstete Karotten, 8 Deka blätterig geschnittene, gedünstete Pilze, 8 Deka in Salzwasser gekochte Kohlsprossen, 8 Deka in Salzwasser gekochte Karfiolröschen, Salz.

Die Semmeln werden kleinwürfelig geschnitten, mit Milch, den Eiern und allen Gemüsen vermischt. Aus dieser

Masse formt man einen Knödel, bindet ihn in eine befettete Serviette und kocht ihn eine halbe Stunde in Salzwasser.

113. Gemüsereis.

20 Deka Reis, 1/8 Liter grüne Erbsen, 8 Stück Spargel, 4 Stück Champignons oder Herrenpilze, 1 Häuptel Kohl, 2 Goldrübchen, 10 Deka grüne Bohnen, 2 Deka Zwiebeln, ½ Deka grüne Petersilie, 3 Deka Butter, 4 Deka Fett, 2 Deka geriebener Käse.

Die grünen Erbsen, der in kleine Stücke geschnittene Spargel, der nudelig geschnittene Kohl, die kleinwürfelig geschnittenen Karotten sowie die schiefnudelig geschnittenen grünen Bohnen werden in Salzwasser weich gekocht. Die Schwämme werden blätterig geschnitten, mit feingehackten Zwiebeln und Petersilie in 3 Deka Butter gedünstet. Der Reis wird mit 4 Deka Fett gedämpft, mit den gut abgeseihten Gemüsen und den Schwämmen vermischt und mit geriebenem Käse bestreut.

114. Kohlschnitzel.

4 Stück Kohl, 4 mittelgroße Champignons oder andere Pilze, 3 Deka Butter, Salz, 1 Ei, 3 Deka Brösel, 5 Deka Fett.

Der Kohl wird geputzt, gewaschen, in Salzwasser halbweich gekocht, abgeseiht, abgeschreckt, grob gehackt, in heiße Butter gegeben, mit gehackten Champignons und Salz ganz weich gedünstet, zu Schnitzeln geformt, in Ei und Bröseln paniert und in heißem Fett gebraten.

115. Gebackener Kohl.

6 kleine lockere Kohlhäuptel, Salz, 2 Eier, Brösel, Fett zum Ausbacken.

Die geputzten Kohlhäuptel werden halbiert, in Salzwasser halbweich gekocht, abtropfen gelassen und jeder Teil so ausgedrückt, daß sich flache Schnitzel bilden. Diese werden noch nachgesalzen, in Ei und Bröseln paniert und in Fett gebacken.

Beilage: Kartoffelsalat.

116. Kohlrabi-Krapferl.

6 bis 8 Stück junge Kohlrabi, 10 bis 15 Deka Semmelbrösel, 1 Ei, Salz, Ei, Brösel zum Panieren, Fett zum Ausbacken.

Die Kohlrabi werden geschält, in Salzwasser weich gekocht, abgeseiht, passiert, dann mit Semmelbröseln, Ei und Salz vermischt, Krapferl geformt, in Ei und Bröseln paniert und aus heißem Fett gebacken.

117. Gefüllte Kohlrabi ohne Fleisch.

5 Stück junge Kohlrabi, 3 Pilze, Petersilie, 4 Deka Butter oder Fett, 1 Ei, Salz und Pfeffer, 3 Deka Butter, Brösel, 2 Deka geriebener Käse.

Die Kohlrabi werden geschält, ein Deckel abgeschnitten, ausgehöhlt und in Salzwasser halb weich gekocht. Das Ausgehöhlte, die Deckel, die zarten grünen Blätter, Pilze und Petersilie werden fein gehackt, in Fett oder Butter weich gedünstet und mit 1 Ei, Salz und Pfeffer verrührt. Diese Masse füllt man in die Kohlrabi, bestreut sie mit geriebenem Käse und Bröseln, betropft sie mit heißer Butter, gibt sie in eine flache, mit Fett ausgestrichene Pfanne und für die Dauer von 10 Minuten in eine sehr heiße Röhre.

118. Kraut-Schnitzel.

1 Krautkopf, 2 Deka Zwiebeln, 3 Eier, Salz und Pfeffer, 3 bis 4 Deka Semmelbrösel, Eier und Brösel zum Panieren, Fett zum Ausbacken.

Das Kraut wird in Salzwasser gedämpft, abgeseiht, fein gewiegt, mit den klein geschnittenen, geröstteten Zwiebeln, Semmelbröseln, Eiern, Salz und Pfeffer vermischt, zu Laibchen geformt, dieselben in Eiern und Bröseln paniert und in Fett gebacken.

119. Paradiesäpfel mit Kartoffeln.

½ Kilo Paradiesäpfel, 1 Zwiebel, Salz, 4 Deka Butter, 3 Deka Fett, 4 Deka Mehl, 1 bis 2 Deka Zucker, ¼ Kilo Kartoffeln, 3 Deka Parmesankäse.

Die Paradiesäpfel werden auseinandergebrochen, mit der Zwiebel in 3 Deka Fett weich gedünstet und hierauf passiert. Aus Butter und Mehl wird eine lichte Einmach gemacht, die Püree hineingerührt, gezuckert, gesalzen und mit Suppe oder Wasser aufgegossen. Dann werden die gekochten, in Scheiben geschnittenen Kartoffeln hineingemengt und die Masse vor dem Anrichten mit geriebenem Käse bestreut.

120. Gebackene Pilze.

60 Deka Pilze, 3 Deka Mehl, 2 Eier, Salz, 10 Deka Brösel, 20 Deka Fett zum Ausbacken.

Pilze werden geputzt, wenn sie klein sind im ganzen gelassen, wenn sie größer sind, in kleinfingerdicke Scheiben geschnitten, in Mehl, gesalzenem Ei und Bröseln paniert und in Fett gebacken.

Man kann die Pilze vor dem Backen statt in Mehl, Ei und Bröseln auch in Bier- oder Weinteig tauchen.

121. Pilze mit Ei.

½ Kilo Pilze, Salz, 4 Deka Fett oder Butter, Petersilie, 1/8 Liter Rahm, 5 Spiegeleier.

Geputzte, blätterig geschnittene Pilze werden nebst feingewiegter Petersilie in heiße Butter gegeben, zugedeckt, weich gedämpft und zuletzt mit saurem Rahm und Salz vermischt. Man richtet sie auf einer Schüssel an und belegt sie mit Spiegeleiern.

122. Pilzreis mit Käse.

20 Deka Reis, 10 bis 15 Deka Pilze, 8 Deka Fett, Salz, 4 Deka geriebener Käse.

Reis wird mit 5 Deka Fett und Salzwasser gedämpft, mit den feinblätterig geschnittenen, in 3 Deka Fett gedünsteten Schwämmen vermischt angerichtet und reichlich mit geriebenem Käse bestreut.

123. Pilzschnitzel.

40 Deka Stein- oder Herrenpilze oder andere Schwämme, 4 Deka Butter oder Fett, 2 Semmeln, 1/8 Liter Milch, 2 Eier, Brösel, Fett zum Ausbacken.

Die Schwämme werden geputzt, blätterig geschnitten, in Butter gedünstet, ausgekühlt, grob gehackt, mit den in

Milch erweichten, gut ausgedrückten passierten Semmeln, 1 Ei, Salz, Pfeffer und etwas Bröseln vermischt, Laibchen geformt, dieselben in Ei und Bröseln paniert und in Fett gebacken.

Beilage: Kartoffelsalat oder Kartoffelbrei.

124. Spinatdunstkoch.

5 Deka Butter oder Fett, 3 Eier, 10 Deka gekochter, passierter Spinat (roh 30 Deka), grüne Petersilie, 1 Semmel, 1/16 Liter saurer Rahm, 4 Deka Brösel, 4 Deka Butter, 3 Deka Brösel.

Butter wird flaumig gerührt, nach und nach mit Dottern, in Salzwasser gekochtem, ausgedrücktem, passiertem Spinat, der geweichten, ausgedrückten, passierten Semmel, saurem Rahm, Salz, Pfeffer, dem steifen Schnee von Eierklar und Bröseln verrührt. Diese Masse füllt man in eine reichlich befettete und mit feinen Bröseln ausgestreute Dunstform und kocht sie 3/4 Stunden in Dunst.

Das aus der Form gestürzte Dunstkoch bestreut man mit in Butter gerösteten Bröseln.

125. Spinat-Schnitzeln.

3 Semmeln, 1/8 Liter Milch, 4 Deka Butter oder Fett, einige Pilze, Butter oder Fett, 20 Deka gekochter, passierter Spinat, Zwiebeln und Petersilie, 5 Deka Brösel, Ei und Brösel zum Panieren, Fett zum Ausbacken.

Semmeln werden in Milchwasser erweicht, ausgedrückt, in heißer Butter ausgedünstet und mit dem Spinat, den würfelig geschnittenen, in Butter gedünsteten Pilzen, Salz, Pfeffer, dem Ei, gerösteten Zwiebeln und Petersilie und Bröseln vermischt. Sollte die Masse zu weich sein, gibt man noch Brösel zu. Man formt Laibchen, paniert sie in Ei und Bröseln und bäckt sie in heißem Fett.

126. Topinambur.

1/2 Kilo Topinambur, Salz, Pfeffer, 10 Deka Butter.

Topinambur werden in Salzwasser gekocht, geschält in heiße Butter gegeben, gepfeffert, rasch umgerührt und sehr heiß angerichtet.

Kartoffelspeisen ohne Fleisch.

127. Kartoffelpuffer.

¾ Kilo Kartoffeln, 3 Dotter, 3 Löffel sauren Rahm, 1 Eßlöffel Mehl, Salz und 6 Deka Fett.

Kartoffeln werden roh gerieben, auf ein nasses Tuch gegeben und gut ausgedrückt. Das Wasser läßt man stehen, die zurückgebliebene Stärke wird mit dem Kartoffelbrei vermengt, die Dotter, Rahm, Salz, Mehl und der feste Schnee dazugegeben, je 2 Eßlöffel davon in heißem Fett in einer Omelettenpfanne beiderseitig gelb gebacken und sofort serviert.

128. Kartoffelsterz.

½ Kilo Kartoffeln, ¼ Kilo Mehl (Gersten- oder Maismehl), 2 Deka Fett, Salz, 10 Deka Fett zum Ausdünsten.

Kartoffeln werden unter möglichster Vermeidung von Verlusten roh geschält, geviertelt und in Salzwasser halbweich gekocht; dann gibt man das Mehl und 2 Deka Fett dazu und läßt den sich bildenden Kloß beiläufig eine Viertelstunde zugedeckt kochen. Hierauf gießt man die Hälfte des Wassers ab, verrührt die Masse sehr gut und läßt sie in einer Bratpfanne, in der man Fett sehr heiß werden ließ, im Rohr ausdünsten.

129. Kartoffel-Dalken.

7 große Kartoffeln, 2 Dotter, 1 Eßlöffel Rahm und Salz.

Kartoffeln werden gekocht, geschält, passiert und mit den Dottern, Rahm und Salz gut verrührt. In eine Dalkenform gibt man heißes Fett und bäckt aus der Kartoffelmasse schöne braune Dalken.

130. Grießkartoffeln.

¾ Kilo Kartoffeln, 8 Deka Fett, 8 Deka Weizen-, Reis- oder Maisgrieß, 1 Eßlöffel heißes Wasser und Salz.

Den Grieß gibt man in das heiße Fett, läßt ihn anrösten, gibt das heiße Wasser dazu, salzt und läßt es etwas verdünsten. Die Kartoffeln werden gekocht, geschält, blätterig geschnitten und mit dem angerösteten Grieß vermischt.

Hiezu serviert man Salat.

131. Paprikakartoffeln.

4 Deka Fett, 4 Deka Zwiebeln, 1 Messerspitze Paprika, 1 Eßlöffel Paradeismark, ¾ Kilo rohe, geschälte, geviertelte Kartoffeln, Salz.

In das heiße Fett gibt man feingeschnittene Zwiebeln, röstet sie gelb an, gibt dann Paprika, Paradeismark, die zerschnittenen Kartoffeln und Salz dazu und läßt es zugedeckt gut dünsten. Dann gießt man ungefähr ⅛ Liter Wasser auf und läßt die Kartoffeln fertig dünsten.

132. Topfenkartoffeln.

½ Kilo Kartoffeln, 10 Deka Speck, 20 Deka geriebener Topfen und Salz.

Die Kartoffeln werden geschält und in Salzwasser weich gekocht. Der Speck wird kleinwürfelig geschnitten und angeröstet. Auf eine Schüssel gibt man eine Lage Kartoffeln, bestreut diese mit dem geriebenen Topfen und Speck, gibt wieder eine Lage Kartoffeln und streut oben geriebenen Topfen und Speck darüber.

133. Mehlschmarren mit Kartoffeln.

25 Deka gekochte, passierte Kartoffeln, 10 Deka Mehl, Salz, 2 Dotter, Milch, 2 Klar Schnee, 5 Deka Fett.

Die gekochten passierten Kartoffeln, Mehl, Milch, Dotter und Salz werden zu einem nicht zu dicken Teig verquirlt und mit dem festen Schnee der 2 Eiklar vermischt. In einer flachen Pfanne läßt man Fett heiß werden, gießt den Teig fingerhoch ein, dreht ihn, wenn er unten Farbe hat, stückweise um, läßt ihn ausdünsten und zerstochert ihn.

Beilage: Gemüse oder Salat.

134. Kartoffelstrudel.

1 Kilo gekochte, passierte Kartoffeln, 30 Deka Mehl, 1 Ei, grüne Petersilie, 8 Deka Fett oder Butter, 5 Deka Brösel, 8 Deka Butter und Salz.

Die Kartoffeln werden mit Ei, Salz und Mehl zu einem Teig verknetet, eine Viertelstunde rösten gelassen, dann ½ Zentimeter dick ausgewalkt, mit der in Butter gerösteten grünen Petersilie und Bröseln bestrichen, eingerollt, in eine mit Butter oder Fett bestrichene Serviette eingebunden und eine Stunde in Salzwasser gekocht, dann in Scheiben geschnitten und mit 8 Deka heißer Butter übergossen.

Gemüsespeisen mit Fleisch.

135. Blumenkohl mit Fleischfülle.

2 kleine Karfiolrosen, Salzwasser, 4 Deka Fett oder Butter, ¼ Kilo Kalb= oder Schweinefleisch, Salz, Pfeffer, 1 Ei, 3 Deka Fett oder Butter, Semmelbrösel.

Die Karfiolrosen werden in Salzwasser halbweich gekocht, in eine glatte, mit Butter ausgestrichene Form mit der Rose nach unten eingelegt und die Form mit einem Haschee von Kalbs= oder Schweinefleisch vollgefüllt. Die Masse wird hierauf eine halbe Stunde in Dunst gekocht oder in der Röhre zugedeckt gebacken. Dann wird die Form gestürzt, mit Bröseln bestreut und mit heißer Butter übergossen.

Haschee: Kleingewiegtes (faschiertes) Fleisch wird mit Salz und Pfeffer angeröstet und überkühlt mit einem Ei verrührt.

Statt auf Fleischhaschee kann man Blumenkohl auch auf gedünstetem Reis servieren.

136. Gefüllte Gurken.

2 Gurken, Zwiebeln und Petersilie, 3 Deka Fett, 20 Deka Schweinefleisch oder Fleischreste, 1 Ei, 4 Deka Fett oder Butter, 3 Deka Mehl, 1 Büschel Dillkraut, Wasser, Salz, Paprika, 1 Löffel Essig, 1/16 Liter Rahm.

Frische, grüne Gurken werden geschält, die Enden abgeschnitten, ausgehöhlt und gewaschen, Gehackte Zwiebeln und Petersilie werden in Fett angeröstet, dann gibt man faschiertes Schweinefleisch oder Bratenreste hinein, läßt dies anrösten und verrührt es, wenn es ausgekühlt ist mit dem Ei, Salz und Pfeffer und füllt damit die Gurken. In eine lichte Einmach gibt man feingewiegte Petersilie und Dillkraut, Salz und Paprika und gießt mit Wasser auf, dann gibt man die Gurken hinein, läßt sie weich dünsten und gibt Rahm dazu.

Statt frischer Gurken kann man auch Salzgurken verwenden.

137. Gefüllter Kohl.

1 Kohlkopf, Salzwasser, Essig, Kümmel, ¼ Kilo Schweinefleisch oder Fleischreste, 10 Deka Selchfleisch, 1 Semmel, Zwiebeln und Petersilie, 1 Ei, Salz und Pfeffer.

Der gewaschene nur wenige Minuten in Salzwasser mit Essig und Kümmel gekochte Kohlkopf wird im weiteren genau so behandet wie der gefüllte Krautkopf (siehe Nr. 143).

138. Kohlauflauf mit Fleischhaschee.

2 Kohlköpfe, Salz, ¼ Kilo Rind- oder Schweinefleisch, 2 Deka Fett, Salz, Pfeffer, 1 Ei, 1 Deka Zwiebeln und etwas grüne Petersilie, ⅛ Liter Rahm.

Kohl wird in Salzwasser gekocht, in Fett gedünstet. Eine Auflaufform wird mit Butter oder Fett bestrichen, der Boden mit Kohlblättern belegt und Fleischhaschee (siehe unten) darauf gestrichen, Kohlblätter daraufgelegt, dann wieder Fleischhaschee u. s. f. bis man mit Kohlblättern schließt. ⅛ Liter Rahm wird mit einem Dotter verquirlt und etwas gesalzen, darübergegossen, in der Röhre eine halbe Stunde gebacken und zum Servieren gestürzt.

Fleischhaschee: Das Fleisch wird faschiert, in heißem Fett mit Zwiebeln und Petersilie angeröstet, gesalzen, gepfeffert, mit Eiklar verrührt.

Anstatt Kohlblätter kann man auch **Krautblätter** verwenden. **(Krautauflauf.)**

139. Kohlwürstchen.

1 Kohlkopf, Salzwasser, 15 Deka Schweinefleisch oder Fleischreste, 10 Deka Selchfleisch, 6 Deka Reis, 2 Deka Fett, Salzwasser, 1 Ei, Salz und Pfeffer, 10 Deka Speck, Wasser oder Rindsuppe, ⅛ Liter Rahm.

Die gewaschenen, vom Stengel losgelösten Blätter eines Kohlkopfes werden in Salzwasser aufgekocht, abgeseiht, ausgebreitet, mit nachstehender Fülle bestrichen, zusammengerollt, in eine mit Speckscheiben belegte Kasserolle gelegt, mit ein wenig Wasser oder Rindsuppe begossen und ¾ Stunden in heißem Rohr gedünstet. Kurz vor dem Anrichten wird das Fett abgeseiht und die Kohlwürstchen mit saurem Rahm übergossen.

Fülle: Schweinefleisch oder Fleischreste und das gekochte Selchfleisch werden fachiert, mit dem gedünsteten Reis dem Ei, Salz, Pfeffer und eventuell etwas gerösteten Zwiebeln und Petersilie vermischt.

140. Gefüllte Kohlrabi.

5 Stück mittelgroße Kohlrabi, 15 Deka Schweinefleisch, 3 Deka gedünsteter Reis, 4 Deka Fett, ½ Deka Zwiebeln, Petersilie, Salz, Pfeffer, 1 Ei.

Die Kohlrabi werden geschält und ein Deckel abgeschnitten Hierauf werden sie möglichst stark ausgehöhlt und nebst den Deckeln und den Abfällen in Salzwasser halbweich gekocht. Die Kohlrabi werden mit Haschee (siehe unten) gefüllt, die Deckel daraufgegeben und in eine mit Butter ausgestrichene Kasserolle gelegt, etwas Suppe dazugegeben und in der Röhre zugedeckt 20 Minuten gedünstet.

Haschee: Fleisch wird faschiert, mit den passierten Abfällen der Kohlrabi in heißes Fett gegeben, mit Zwiebel, Petersilie, Salz und Pfeffer vermischt, angeröstet, mit gedünstetem Reis vermengt, überkühlt und das Ei eingerührt.

141. Gekochter gefüllter Krautkopf.

1 Krautkopf, 4 Deka Fett, Salz und Kümmel, Zitronenschale, Pfeffer, ¼ Kilo fettes Schweinefleisch, 6 Deka Butter oder Fett, 4 Deka Brösel, 3 Deka Parmesan.

Der rohe Krautkopf wird beim Stiel ziemlich gut und weit ausgehöhlt. Das Innere wird fein gehackt und mit Kümmel und Fett gedünstet. Bevor es weich ist, gibt man das feingewiegte fette Schweinefleisch, Zitronenschale, Salz, Pfeffer dazu und läßt dies fertig dünsten. Wenn diese Masse ausgekühlt ist, gibt man noch 2 bis 3 Eier dazu und füllt sie in den Krautkopf ein. Dieser wird dann mit großen Blättern zugedeckt, in eine Serviette gebunden und 1 bis 2 Stunden gekocht. Der fertige Krautkopf wird mit in Butter gerösteten Bröseln und Parmesan bestreut.

142. Kraut- und Kohlfleisch.

½ Kilo Schweinefleisch oder Rindfleisch, Salz, 3 Deka Fett, 10 Deka Zwiebel, Paprika, 1 Kohlkopf, 1 kleiner Krautkopf, ½ Kilo Kartoffeln.

Die feinblätterig geschnittenen Zwiebeln läßt man in Fett gelb anrösten, gibt das würfelig geschnittene Fleisch und etwas Paprika dazu, gießt mit Wasser auf und läßt das Fleisch halbweich dünsten. Dann gibt man den geputzten, nudelig geschnittenen Kohl und das ebenso behandelte Kraut sowie geschälte, gevierteilte Kartoffeln hinein und läßt es weich dünsten.

143. Gedünsteter gefüllter Krautkopf.

1 Krautkopf, Salzwasser, Essig, Kümmel, ¼ Kilo Selch- oder Schweinefleisch oder Fleischreste, 2 Deka Fett, 1 Deka Zwiebeln und Petersilie, 1 Ei, Salz und Pfeffer, 2 Deka Zwiebeln, 2 Deka Fett, 3 Deka Speck, ¼ Liter Wasser oder Suppe, 4 Deka Butter oder Fett, 3 Deka Mehl, Selchsuppe.

Der Krautkopf wird gewaschen, in Salzwasser unter Hinzufügung von Essig und Kümmel halbweich gekocht und zum Abtropfen und Erkalten auf ein Sieb gelegt, hierauf lockert man die Blätter des Krautkopfes, belegt sie alle vorerst mit Speck, bestreicht sie an der inneren Fläche mit nachstehender Fülle, preßt sie dann fest aneinander, so daß der Krautkopf seine frühere Form wieder erhält und umschnürt ihn mit Spagat. Dann röstet man feingehackte Zwiebeln in Fett gelb an, belegt den Boden des Gefäßes mit Speckscheiben, legt den Krautkopf darauf und dämpft ihn unter öfterem Begießen mit Wasser oder Suppe ungefähr eine Stunde. Man entfernt beim Anrichten den Spagat, übergießt den Krautkopf mit Einmachsoß und schneidet ihn in keilförmige Stücke.

Fülle: Das Selchfleisch wird gekocht, faschiert und mit Ei, gerösteten Zwiebeln und Petersilie, Salz und Pfeffer verrührt.

Soß: Man macht eine lichte Einmach und gießt mit Selchsuppe auf.

Anmerkung: Das Selchfleisch kann auch bis zu zwei Drittel mit rohem Schweinefleisch gemischt werden.

144. Gefüllte Paprikaschoten.

5 Stück Paprikaschoten, Wasser, Fülle: ½ Deka Zwiebeln, ¼ Deka Petersilie, 3 Deka Fett, 10 Deka Schweinefleisch, ½ Ei, Salz, 3 Deka Reis, 2 Deka Butter, Wasser, Salz, Paradiesapfelsoß (siehe dort, die Hälfte der Masse).

Von grünen Paprikaschoten schneidet man beim Stiel die Deckeln ab und höhlt erstere ganz aus. Dann übergießt man sie mit kochendem Wasser, läßt sie 10 Minuten stehen und legt sie dann für eine Stunde in kaltes Wasser. Einstweilen röstet man feingehackte Zwiebeln und Petersilie in Fett an, gibt rohes, faschiertes Schweinefleisch, Ei, Salz und gedämpften Reis dazu, verrührt die Masse gut, füllt sie in die Paprikaschoten und gibt die Deckeln darauf. Die gefüllten Schoten werden nun in eine Kasserolle gelegt, mit Paradeissoß übergossen und 1 Stunde zugedeckt gedünstet.

145. Gefüllte Paradiesäpfel.

8 Stück Paradiesäpfel, ¼ Kilo Kalbfleisch, Zwiebeln, Petersilie, 3 Deka Reis, Salz, 3 Deka Fett, Suppe, 4 Deka Butter oder Fett.

Die Paradiesäpfel werden gewaschen, ein Deckel abgeschnitten, erstere mit einem Löffel ausgehöhlt und mit einer der nachstehenden Füllen gefüllt:

1. Fülle: Gehacktes Fleisch wird mit Zwiebeln, Petersilie und dem gedünsteten Reis in Fett angeröstet.

2. Fülle: 30 Deka Champignons oder Edelpilze, Petersilie, Salz und Pfeffer, 4 Deka Butter. Die Schwämme werden geputzt, blätterig geschnitten und in Butter mit Petersilie, Salz, Pfeffer gedünstet.

Die Fülle wird in die Paradiesäpfel gestrichen, diese mit Bröseln und geriebenem Käse bestreut, mit zerlassenem Butter betropft und in eine mit Butter ausgestrichene Kasserolle nebeneinander gestellt, etwas Suppe dazugegossen und überkrustet (gratiniert).

146. Gestürztes Sauerkraut.

6 Deka Speck, ½ Kilo Sauerkraut, Essig, Wasser, Salz, Zucker, ½ Kilo Kartoffeln, 30 Deka Selchfleisch, ⅛ Liter saurer Rahm, Fett und Brösel für die Form.

Der Speck wird kleinwürfelig geschnitten, geröstet, dann gibt man das Sauerkraut nebst Essig, Zucker, Salz und Wasser dazu und läßt es weich dünsten. Kartoffeln und Selchfleisch werden gekocht. In eine mit Fett und Bröseln ausgestreute Auflaufform gibt man zuerst eine Lage gedünstetes Kraut, dann eine Schichte gekochte, geschälte, blätterig geschnittene Kartoffeln, dann kleinblätterig geschnittenes Selchfleisch, dann wieder Sauerkraut u. s. f. bis man mit einer Schichte Sauerkraut schließt. Das Ganze wird mit Rahm übergossen, 1 Stunde gebacken und dann vorsichtig gestürzt.

Kartoffelspeisen mit Fleisch.

147. Kartoffelknödel mit Selchfleisch.

4 große Kartoffeln, 6 Deka Brösel, 4 Deka Butter oder Fett, 3 Löffel sauren Rahm, 1 Dotter, 1 Ei, 6 Deka feingeschnittenes Selchfleisch, Salz.

Die Kartoffeln werden gekocht und passiert, mit den in Butter gerösteten Bröseln, Rahm, Salz, Dotter, Ei und Selchfleisch zu einem Teig vermengt, daraus Knöderl geformt und diese auf einem bestrichenen Backblech in der Röhre gebacken.

Statt Selchfleisch kann man auch 4 Deka kleinwürfelig geschnittenen, gerösteten Speck verwenden.

148. Fleischröllchen (Fleisch-Croquettes).

20 Deka frisches gehacktes Schweinefleisch, 20 Deka frisches gehacktes Kalbfleisch (oder Bratenreste), 20 Deka gekochte, passierte Kartoffeln, 1 Deka Zwiebeln und Petersilie, Salz und Pfeffer, Fett zum Backen.

Aus den vorgenannten Zutaten bereitet man einen Teig, formt Würstchen daraus und bäckt sie in heißem Fett; man serviert sie mit Kohl, Spinat, Sauerkraut oder grünem Salat.

149. Kartoffel-Eierspeise.

½ Kilo Kartoffeln, 5 ganze Eier, 5 Deka gehacktes Selchfleisch oder Bratenreste, Salz.

Die Kartoffeln werden weich gekocht, geschält und passiert. Eine Auflaufschüssel wird mit Butter ausgestrichen und der gesalzene Kartoffelbrei eingefüllt. Die Eier werden gut verquirlt, gesalzen, über die Kartoffeln gegossen, mit gehacktem Selchfleisch oder Bratenresten bestreut und solange in die Röhre gestellt, bis die Eier steif sind.

150. Gefüllte Kartoffel-Frittaten.

¼ Liter Milch, 2 Eier, Salz, 3 gekochte, geriebene Kartoffeln, 1 Eßlöffel Mehl, 4 Deka Fett zum Backen.

Aus vorbezeichneten Zutaten macht man einen etwas dickeren Frittatenteig, gießt ihn in heißes Fett, bäckt ihn beiderseits und füllt die Frittaten mit gedünstetem Kraut, Schwämmen, Fleischhaschee, Spinat, Kochsalat oder anderem.

151. Gefüllte Kartoffeln.

1 Kilo mittelgroße Kartoffeln, 6 Deka Fett oder Butter, Salz, etwas Pfeffer, 15 Deka Bratenreste, 4 Deka Fett, 1 Champignon, Zwiebeln, Salz, Pfeffer, 1 Dotter.

Die Kartoffeln werden gewaschen und in der Röhre halbweich gebraten, dann geschält, ein Deckel abgeschnitten, vorsichtig ausgehöhlt und mit Fleischhaschee (s. u.*) gefüllt. Hierauf wird der abgeschnittene Deckel draufgegeben, die gefüllten Kartoffeln nebeneinander in eine Kasserolle gestellt, mit heißer Butter übergossen, gesalzen, etwas Suppe oder Wasser dazugegeben und noch 10 Minuten in die heiße Röhre gestellt.

Fleischhaschee: 15 Deka Bratenreste werden gehackt, in 4 Deka Fett mit Zwiebeln und Champignons angeröstet, gepfeffert und mit einem Dotter verrührt.

Beilage: Salat, grüne Gemüse.

---

*) Diese Kartoffeln kann man auch mit Rühreiern füllen.

152. Kartoffel-Auflauf mit Fleisch.

½ Kilo Kartoffeln, 7 Deka Butter, 4 Eier, 4 Deka Mehl, 2 Eßlöffel geriebener Käse, Salz, ¼ Kilo Kohlsprossen, 3 Deka Butter und Salz, 10 Deka Bratenreste, 2 Deka Fett, Salz, Pfeffer, Zwiebeln.

Die Butter wird schaumig gerührt, Dotter, Salz, Mehl und die passierten Kartoffeln dazugegeben und hierauf mit dem festen Schnee vermengt. Die Sprossen werden geputzt, in Salzwasser gekocht, abgeseiht und in 3 Deka heißer, gesalzener Butter gedünstet. 2 Deka Fett läßt man heiß werden, gibt die feingehackten Zwiebeln und die faschierten Bratenreste dazu. In eine mit Butter bestrichene, mit Semmelbröseln bestreute Auflaufform gibt man eine Lage der Kartoffelmasse, dann eine Lage Kohlsprossen, hierauf wieder eine Lage Kartoffelmasse, dann die gerösteten Fleischreste und schließt mit dem letzten Teil der Kartoffelmasse ab, bäckt das Ganze ungefähr ¾ Stunden bei guter Hitze. Dann stürzt man den Auflauf und serviert dazu Schwammsoß.

153. Gebackener Kartoffelbrei.

80 Deka Kartoffeln, 10 Deka Butter oder Fett, 1 Löffel Rahm, ⅛ Liter Milch, 2 Deka Zwiebeln, ½ Deka grüne Petersilie, 2 Eier, 15 Deka Selchfleisch oder 1 Paar Würstel.

Die Kartoffeln werden gekocht, geschält, passiert und noch warm mit 8 Deka Butter, Rahm, Milch, Salz, den feingehackten Zwiebeln und Petersilie vermischt. Wenn die Masse überkühlt ist, fügt man Dotter und den festen Schnee dazu, füllt sie zur Hälfte in eine mit Butter ausgestrichene Backform, gibt das gehackte Selchfleisch oder die in Scheiben geschnittenen Würsteln, dann die zweite Hälfte des Kartoffelbreies darauf und bäckt ihn ¾ Stunden bei guter Hitze.

154. Kartoffeln mit Bratwürsteln.

1 Kilo Kartoffeln, 10 Deka Fett, 6 Deka in Fett geröstete Zwiebeln, 3 Deka kleinwürfelig geschnittenen Speck, 3 Paar in Fett abgebratene Bratwürstel oder Schinkenreste, ¼ Liter saurer Rahm, 2 Eidotter.

Kartoffeln werden halbweich gekocht, geschält, in Scheiben geschnitten und in Fett hellgelb gebacken. Eine Auflaufform wird mit Butter ausgestrichen, eine Lage Kartoffeln eingelegt, feingeschnittene, in Butter geröstete Zwiebeln und und kleinwürfelig geschnittener Speck daraufgegeben, auf diese wieder eine Lage Kartoffeln, ferner in Scheiben geschnittene Bratwürstel oder gehacktes Selchfleisch und darauf wieder eine Lage Kartoffeln. Dann wird der Rahm mit den Dottern und etwas Salz verquirlt über die Masse gegossen, dieselbe mit Butterstückchen belegt und 3/4 Stunden in heißer Röhre gebacken.

Mehlspeisen.

155. Krautfleckerl.

Nudelteig: 16 Deka Mehl, 1 Ei, 1½ Löffel Wasser; ½ Kopf Kraut, 4 Deka Fett, ½ Deka Zwiebeln, Paprika, 2 bis 3 Deka Zucker und Salz, 3 Deka Fett.

Aus Mehl, Ei, Salz und Wasser wird ein fester Teig gemacht, den man nicht zu dünn auswalkt und zu Fleckerln schneidet. Das Kraut wird fein geschnitten, in heißes Fett gegeben, mit Zwiebeln, Salz, Paprika und Zucker gedünstet. Die Fleckerl werden in Salzwasser gekocht, abgeseiht und abgeschreckt. 3 Deka Fett läßt man heiß werden, gibt die Fleckerl und das Kraut hinein und vermengt beides.

156. Rhabarberstrudel.

Strudelteig von 15 Deka Mehl, 1 Ei, 1 Deka Fett, Wasser, Salz, ½ Kilo Rhabarber, 8 Deka Butter oder Fett, 10 Deka Zucker, 3 Deka Rosinen, 3 Deka Brösel.

Auf einen ausgezogenen Strudelteig streut man in Butter oder Fett geröstete Brösel, geschälte, dünn geschnittene Rharbarberstiele, Zucker und Rosinen, rollt den Strudel ein und bäckt ihn auf einem mit Fett bestrichenen Backblech in der Röhre.

157. Krautstrudel.

Strudelteig von 15 Deka Mehl, 1 Deka Fett, Salzwasser, 1 Krautkopf, Salz, 10 Deka Fett, 3 Deka Zucker, Pfeffer, Fett zum Bestreichen.

Ein Krautkopf wird nach Entfernung des Strunkes klein geschnitten, gekocht und gesalzen. Nach ungefähr halbstündigem Sieden wird das Kraut ausgedrückt, in heißes Fett gegeben, in dem man zuerst Zucker braun werden ließ, gepfeffert und mit wenig Wasser weich gedünstet. Diese Fülle wird auf den ausgezogenen Strudelteig gestrichen und dieser eingerollt. Der Strudel wird auf ein Butterblech gelegt, mit Fett bestrichen und gebacken.

158. Kartoffelkoch.

40 Deka gekochte, passierte Kartoffeln, 10 Deka Butter, 10 Deka Zucker, 3 Deka weiße, geriebene Mandeln, 4 Eier.

Butter und Zucker werden schaumig gerührt, Dotter, Mandeln, Kartoffeln, etwas Vanille und fester Schnee von 4 Klar dazugegeben, die Masse in eine bestrichene Porzellanschüssel gefüllt und eine halbe Stunde bei mäßiger Hitze gebacken.

Beilage: Fruchtsoß.

159. Kartoffelkuchen.

14 Deka gekochte, passierte Kartoffeln, 14 Deka Zucker, 7 Dotter, Zitronenschalen, 3 Deka stiftlich geschnittene Mandeln, 4 Deka zerschnittene Rosinen.

Kartoffeln, Zucker und Dotter werden eine Viertelstunde gerührt, hierauf Zitronenschalen, Mandeln und Rosinen dazugegeben, kleine mit Fett bestrichene und mit feinen Bröseln bestreute Formen zur Hälfte mit der Masse gefüllt und ungefähr eine halbe Stunde in der Röhre gebacken; hierauf gestürzt und mit Zucker bestreut zu Tisch gebracht.

160. Kartoffelstrudel.

15 Deka Mehl, 1 Ei, Wasser, Salz, 6 Deka Rosinen, 2 Deka Semmelbröseln und 2 Deka Butter, Salz, 1/8 Liter Milch; Fülle: 10 Deka Butter, 10 Deka Zucker, 3 Dotter, 20 Deka passierte Kartoffeln, Salz, 1/8 Liter sauren Rahm, Schnee von 3 Klar.

Butter wird schaumig gerührt, Zucker und Dotter dazugegeben, hierauf die passierten Kartoffeln, Salz, Rahm und Schnee. Diese Masse streicht man auf einen ausgezogenen Strudelteig, streut geputzte Rosinen und Brösel darauf, rollt dann den Strudel zusammen und gibt ihn in eine mit Butter ausgestrichene Pfanne. Sobald er durch Backen gelb gefärbt erscheint, wird er mit ¼ Liter etwas gezuckerter Milch übergossen und fertig gebacken.

161. Kartoffelbrot.

½ Kilo Mehl, 10 Deka Butter oder ein anderes Fett, 1 Dotter, Salz, 1½ Deka Germ (Hefe), 2 bis 3 große Kartoffeln, 5 Deka Zucker, ¼ Liter Milch.

Die Kartoffeln werden gekocht, passiert und mit dem Mehl in einen Weitling gegeben. Butter wird mit der erwärmten Milch, Salz und Zucker verquirlt und mit einem Dampfel und dem Dotter mit dem Mehl und den Kartoffeln zu einem Teig verarbeitet. Der Teig wird gut abgeschlagen und am Nudelbrett zu einem Laibchen geformt. Dieses läßt man zugedeckt langsam aufgehen, gibt es auf ein bestrichenes Backblech, bestreicht es mit lauwarmer Milch und bäckt es ungefähr eine Stunde bei guter Hitze. Nach dem Backen wird es nochmals mit Milch bestrichen.

162. Kartoffelauflauf.

3 große, gekochte, passierte Kartoffeln, 8½ Deka Butter, 4 Dotter, 7 Deka Zucker, Orangenschale, 2 Löffel sauren Rahm, 3 Klar Schnee.

Die Butter wird schaumig gerührt, Dotter, Zucker, Kartoffeln, Orangenschalen dazugegeben, dann Rahm und Schnee leicht eingerührt und die Masse in einer mit Butter bestrichenen Auflaufform gebacken.

Beilage: Fruchtsaft.

Konserven.

163. Einlegen grüner Bohnen in Salz.

1 Kilo grüne Bohnen (Fisolen), ¼ Kilo Salz.

Die gewaschenen, geputzten grünen Bohnen werden mit geriebenem Kochsalz gut gemischt, in ein Einsiedeglas gegeben und gut verbunden. In einigen Tagen werden die Schoten zusammengesunken sein, dann füllt man nach, was man so oft wiederholt, bis sie nicht mehr zusammensinken. Vor dem Gebrauch muß man die Bohnen gut auswaschen und in ungesalzenem Wasser kochen. Man verwendet sie dann wie frische Bohnen. Einlegezeit Juli bis September.

164. Einlegen von Essiggurken.

100 Stück kleine Gurken, 10 Pfefferkörner, 6 Deka Schalotten, Ingwer, 1 Bund Dillkraut, 5 Deka Kren, 5 Paprikaschoten, Salz, Weichselblätter, 1½ Liter Essig.

Kleine Gurken werden gewaschen, in ein Glas gelegt, mit Pfefferkörnern, klein gehackten Schalotten, Ingwer, Dillkraut, Paprika, Krenscheiben, Paprikaschoten, Salz und Weichselblättern bestreut und mit gekochtem, abgekühltem Essig und Wasser übergossen. Die Gläser werden verbunden und vor Gebrauch 3 Wochen an einem kühlen Orte aufbewahrt.

165. Einlegen von Senfgurken.

5 Gurken, Salz, 14 Deka Zucker, 5 Deka Senfkörner, 1 Deka weiße Pfefferkörner, 1 Büschel Dillkraut, 3 Deka Schalotten, 3 Deka Kren, ½ Liter Weinessig.

Mittelgroße Gurken werden geschält, geviertelt, nach Entfernung der Kerne in ungefähr 10 Zentimeter lange Stücke geschnitten, mit Salz bestreut und 10 bis 12 Stunden in einem bedeckten Gefäß an einen kühlen Ort gestellt. Dann werden die Gurken mit einem Leinentuch getrocknet, in ein Porzellangefäß gelegt, mit Zucker, Senfkörnern, Pfefferkörnern, Dillkraut, feingehackter Zwiebel und in Scheiben geschnittenem Kren bestreut, mit gekochtem und wieder ausgekühltem Essig übergossen und weitere 10 Stunden an einen kühlen Ort gestellt. Hierauf wird der Essig abgeseiht, wieder aufgekocht, erkalten gelassen und hernach über die Gurken gegossen. Nach je zehnstündiger Lagerung wird der Überguß in gleicher Weise noch dreimal wiederholt, worauf man die Gurken in die Gläser füllt und mit Pergament verbindet. Einsiedezeit Juli.

166. Kürbiskompott (Dunstfrucht).

½ Kilo Kürbis, 25 Deka Zucker, 0·3 Liter Wein, Zitronenschale.

Kürbisse werden geschält, kleinwürfelig geschnitten, mit etwas Essig und Wasser übergossen und über Nacht stehen gelassen und morgens der Essig abgeseiht. Wein, Zucker und Zitronenschalen läßt man aufkochen, gibt die Kürbisse hinein und läßt sie kochen, bis sie durchsichtig werden. Nach dem Auskühlen füllt man das Kompott in Gläser und verbindet sie.

167. Kürbismus (Kürbismarmelade).

2½ Kilo Kürbis, 1½ Kilo Zucker, Saft von 2 Zitronen, etwas Ingwer.

Der Kürbis wird geschält und eine halbe Stunde ohne Wasser unter öfterem Umrühren kochen gelassen; mit Zucker, Zitronensaft und Ingwer kocht man das Mus zu einem dicken Brei, füllt es in Gläser, läßt diese auskühlen, bedeckt sie mit Rumpapier und verbindet sie.

(Kürbismus wird statt Honig auf Brot gestrichen gerne verwendet.)

168. Paradiesäpfelmus (Tomatenmarmelade).

40 Deka gekochte, passierte Paradiesäpfel, 15 Deka Zucker.

Die Paradiesäpfel werden ohne Zucker weich gekocht und zu Mark passiert und dieses mit dem Zucker ziemlich dick eingekocht. Das Mus wird in Gläser gefüllt und diese gut verbunden. Am nächsten Tage kocht man sie noch eine Viertelstunde in Dunst.

169. Einlegen der Paradiesäpfel in Salzwasser.

Man bereitet starkes Salzwasser, kocht es und läßt es auskühlen. Reife, doch feste Paradiesäpfel werden in Steinguttöpfe fest eingeschichtet, mit dem kalten Salzwasser übergossen, mit einem reinen Lappen bedeckt, mit einem Brett und einem Stein beschwert und in kühlen trockenen Räumen aufbewahrt.

170. Pilze in Essig.

½ Kilo Champignons (oder andere Pilze), ¼ Liter Essig, ¼ Liter Wasser, 1 Deka Salz, Pfefferkörnchen, ½ Deka Schalotten, 1/32 Liter Öl.

Kleine Pilze läßt man ganz, während man bei größeren die Stiele von den Hüten abtrennt. Champignons werden abgeschält, Pilzlinge schnell in kaltem Wasser abgewaschen. Nun kocht man die Pilzlinge in stark gesalzenem Wasser einmal auf und gibt sie dann auf ein Sieb zum Abtrocknen. Hienach füllt man sie in Einsiedegläser, übergießt sie mit einer aufgekochten, überkühlten Mischung von Wasser, Essig, Salz, Pfefferkörnern und Schalotten, gibt eine fingerdicke Schichte Öl darauf und verbindet sie mit Pergamentpapier. Einlegezeit Sommer und Herbst.

171. Rhabarbermus.

1 Kilo Rhabarberstengel, 90 Deka Staubzucker.

Die Stengel werden gewaschen, geschält, in 1 Zentimeter lange Stücke geschnitten, mit dem Zucker vermischt, kaltgestellt und nach 3 Tagen eine halbe Stunde bei guter Hitze eingekocht, bis eine Probe mit einem Tropfen ergibt, daß sich das Mus sulzt.

172. Rhabarberkompott.

½ Kilo Rhabarberstengel, ¼ Liter Wasser, 15 Deka Zucker.

Den Zucker läßt man aufkochen und gibt in denselben die 3 Zentimeter lang geschnittenen Rharbarberstengel, welche man in der Zuckerlösung so lange kocht, bis sie genügend weich sind.

Merkblatt
für die
Herstellung von Dörrgemüse und Dörrobst im Haushalt.

Sollte uns im Kriegsjahre infolge vermehrten Anbaues eine reiche Gemüseernte beschieden sein, so ist schon in voraus an die Verwertung wahrscheinlicher Übermengen zu denken und Vorsorge zu treffen. Alles Gemüse, welches im Haushalt vom Frischgenusse oder von der Konservierung in Gläsern erübrigt, sollte mit der Herddörre getrocknet werden. Die Verallgemeinerung der Erzeugung von getrocknetem Gemüse mittels des einfachen und billigen Herddörrverfahrens ist für die Haushaltung von hoher wirtschaftlicher Bedeutung. Durch das Trocknen der Gemüse werden wir in den Stand gesetzt uns dieselben derart zu erhalten, daß sie jederzeit, besonders aber im Winter, wenn Mangel an frischem

Gemüse herrscht oder der Preis desselben nicht für jeden erschwinglich, verwendbar und vollständig vor dem Verderben geschützt sind. Es steht dem frischen Gemüse, wenn richtig gekocht, in keiner Weise nach und ist demselben im Aussehen, Geschmack und Nährwert vollständig gleich. Aus 100 Kilo frischem werden erfahrungsgemäß 8 bis 10 Kilo trockenes*) Gemüse und da dasselbe nur einen sehr kleinen Raum einnimmt — kaum den zwanzigsten Teil des frischen — so ist es leicht möglich, auch im kleinsten städtischen oder ländlichen Haushalt verhältnismäßig große Mengen für den Winter oder für einen noch späteren Bedarf unterzubringen. Es eignet sich daher auch ganz besonders für die Verproviantierung der Armee und der Marine wie der Festungen und Schiffe überhaupt. Da das getrocknete Gemüse vollständig geputzt und zerteilt ist, so erspart man dann bei Verwendung desselben sehr viel Zeit, was besonders für kleine Haushalte sehr vorteilhaft erscheint. Mit der Herddörre kann man das Trocknen bei mäßigem Feuer während des Kochens oder nach dem Abkochen auf der Herdplatte sowie auch im offenen Bratrohr ausführen Zum Trocknen soll nur zartes, nicht zu ausgewachsenes Gemüse verwendet werden. Die gereinigten und entsprechend zugerichteten Gemüse sind vor dem Auflegen auf die Hürden einige Minuten in kochendem Wasser zu blanchieren (sieden) oder mit solchem abzubrühen, weil sie so nicht allein rascher trocknen und später sich besser kochen lassen, sondern weil sie auch, besonders die eiweißreichen, wie Erbsen und Bohnen, nachher besser im Geschmacke sind. Das abgekochte (blanchierte) oder abgebrühte Gemüse ist auf ein Sieb zu geben und nachdem das Wasser gut abgetropft, auf die Hürden nicht zu dicht und so gleichmäßig als möglich aufzulegen und der Apparat, wie schon erwähnt, bei mäßigem Feuer oder nach dem Abkochen in das offene Bratrohr oder auf die Herdplatte zu stellen. Das anfängliche Ankleben der

*) Spinat ausgenommen, wovon 100 Kilo nur 2 bis 3 Kilo trockenen ergeben.

Gemüse an die Hürden wird durch mermaliges Aufschütteln derselben am besten verhütet. Näheres über die Dauer des Abkochens oder Abbrühens erscheint umstehend bei jeder Gemüseart angegeben. Die Hürden sind während des Trocknens fleißig zu wechseln, d. h. von unten nach oben usw. Das Dörren ist als beendet zu betrachten, wenn sich das Gemüse nicht mehr feucht anfühlt. Das Trocknen einer aufgelegten Partie Gemüse dauert durchschnittlich zwei bis drei Tage. Es ist zu vermeiden, die Gemüse auf dem Herde oder im Bratrohr allzu rasch zu trocknen, weil ihnen dadurch die für die Aufbewahrung nötige Biegsamkeit, der Wohlgeschmack und das Ansehen genommen werden und dieselben dadurch auch leicht zerbröseln. Wer nur mit einzelnen Hürden ohne Apparat trocknen will, muß unter die vier Ecken Ziegelstücke legen, damit die Hürden nicht aufliegen und die Luft durchstreichen kann. Besonders zu beachten ist, daß alle Gemüse, wenn sie nicht am Herd getrocknet werden, nur im Schatten, niemals aber in der Sonne getrocknet werden sollen, weil dieselben dadurch ebenfalls Farbe, Geschmack und Ansehen verlieren würden. Ausgenommen von dieser Regel sind nur die Pilze, welche auch in der Sonne getrocknet werden können. Als Trockenplätze sind besonders offene Veranden und Fensterbretter, wo es auch möglich ist Gegenzug herzustellen, geeignet. Während der Nacht stellt man beim Lufttrocknen den Apparat in die Küche auf den überkühlten Herd oder sonst an einen trockenen Ort. Sollte das Lufttrocknen durch Regenwetter unterbrochen werden, so ist das Dörren auf dem Herde fortzusetzen, da sonst das auch nur etwas feuchte Gemüse sauer oder schimmelig werden würde. Um ein gutes Produkt zu erhalten und das Trocknen zu beschleunigen, ist es beim Lufttrocknen angezeigt, wenn nicht ein sehr heißes, trockenes Wetter herrscht, das Gemüse nach dem Abkochen oder Abbrühen einige Stunden auf dem Herde oder im Bratrohr vorzutrocknen, damit das vom Abbrühen anhaftende Wasser rasch entzogen wird. Vor der Aufbewahrung ist das Gemüse noch einige Stunden auf dem Herde nachzutrocknen. Nach dem Dörren ist das Gemüse an einem trockenen, luftigen Ort in Papier-, dünnen Leinen- oder Organtinsäcken hängend aufzubewahren, doch ist hie und da nachzusehen und aufzuschütteln. Herddörren sind in den meisten Wiener Haus- und Küchengeräteniederlagen und Eisenwarenhandlungen billig erhältlich. Wer das Dörren in größerem Umfange betreiben will, kann die Arbeiten, wie das Zerkleinern, Schneiden, Schälen, Entkernen usw., leicht mit den in allen größeren Haushaltungsgeschäften erhältlichen Hilfsmaschinen und Geräten ausführen lassen. 80 bis 90 Gramm trockenes Gemüse liefert eine Zuspeise für vier Personen. Für den Verbrauch ist das Dörrgemüse ungefähr 5 bis 6 Stunden vor dem Kochen, besser noch am Abend vorher durch Abspülen von allfällig anhaftendem Staube zu reinigen und dann in dem Wasser, in welchem es gekocht werden soll, einzuweichen. Wer die Nährsalze erhalten will, muß die Gemüse mit dem Einweichwasser fertig kochen, wer jedoch den Geschmack des Frischgemüses erreichen will, muß das Wasser während des Kochens mehrmals wechseln, wozu man sich daneben heißes Wasser bereit hält. Im nachstehenden ist das nötigste über die Vorbereitung der zum Dörren bestgeeigneten Gemüsearten bis zur Auflegung auf die Hürden angegeben:

Spinat: Gut putzen und auswaschen, auf die Hürden legen, an der Luft etwas abtrocknen lassen, ohne zu blanchieren, mit den Hürden auf die Dörre bringen und bei mäßiger Wärme auf dem Herde, nicht im Rohre trocknen.

Erbsen: Nur zarte Erbsen verwenden, dem Blanchierwasser per Liter 3 bis 4 Stück Würfelzucker zusetzen, 4 bis 5 Minuten lang kochen lassen, nur bei mäßiger Wärme trocknen.

Bohnen: Wohl ausgewachsene, aber noch zarte, fleischige Schoten wie üblich schneiden, 4 bis 5 Minuten kochen.

Kohlrüben (Kohlrabi): In 4 bis 5 Millimeter dicke Scheiben schneiden, 10 bis 12 Minuten, bis sie glasig geworden, kochen und jede Spalte einzeln nebeneinander, nicht übereinander, auflegen. Die zarteren Blätter breitnudlig schneiden, oder ganz lassen, abbrühen, 3 Minuten kochen lassen und separat trocknen.

Kohl: Die einzelnen Blätter breitnudlig schneiden und abbrühen wie oben bei Kohlrübenblätter mitgeteilt.

Karotten (Gelbe Rüben), Sellerie- und Petersilienwurzel: Der Länge nach ungefähr 4 Zentimeter lang nudlig schneiden und 6 bis 8 Minuten kochen. Die Gemüse und Kräuter für Wurzelsuppen, Julienne, werden jede Art für sich getrocknet und erst bei Bedarf vermischt.

Küchenkräuter: Küchenkräuter (Petersilie, Kerbelkraut, Porree, Sellerieblätter, Gundelrebe, Bohnenkraut, Majoran usw.) werden nicht abgebrüht, sondern nur dünn und gleichmäßig auf die Hürden aufgelegt und auf dem Herd getrocknet.

Pilze: Nicht auswaschen, trocken putzen und wie üblich schneiden.

Tomaten (Paradeis): Sehr reife, dunkelrote Tomaten auseinanderbrechen, auf einem Sieb den Saft gut abtropfen lassen und in einer irdenen Kasserolle kochen. Den sich oben bildenden Saft abschöpfen, die Früchte passieren, nochmals auf das Feuer setzen und so lange kochen lassen, bis das Mark ganz dick ist. Dünnes helles Packpapier mit Salatöl bestreichen, das Paradeismark ungefähr 1 Zentimeter dick darauf streichen und die Blätter auf den Hürden trocknen. Wenn trocken von dem Papier loslösen, in kleine Vierecke schneiden, nochmals auf der Hürde leicht nachtrocknen und aufbewahren. Wenn das Trocknen nicht auf dem Herde erfolgt, sondern in der Luft, so darf es nicht an der Sonne geschehen weil die Tomaten die schöne Farbe verlieren.

Kartoffel: Die Kartoffeln kochen, schälen und erkalten lassen. Durch eine Fleischhackmaschine treiben oder auf dem Reibeisen zerkleinern. Auf den Hürden trocknen. Im Winter zu Püree, Püreesuppen und allen Mehlspeisen, zu welchen Kartoffeln verwendet werden, vorzüglich geeignet. Das Trocknen der Kartoffeln ist besonders für die Stadtbevölkerung wertvoll, weil ihr dadurch die Möglichkeit geboten wird, dieselben zur Zeit ihres vollen Nährwertes im Herbste billig zu erwerben und in einem verhältnismäßig kleinen Raum für den Bedarf während des Winters aufbewahren zu können. Es ist erwiesen, daß der Stärkegehalt der

Kartoffel zur Zeit der Reife am höchsten ist, im Winter jedoch während des Lagerns bis zum Frühjahr hin stetig abnimmt und muß es deshalb unser Bestreben sein, die Knolle in dem Zustande ihres höchsten Wertes zu erhalten, was am sichersten und vollständigsten durch das Trocknen geschehen kann.

Dieselbe Bedeutung wie dem Gemüsedörren ist auch dem Obstdörren beizumessen. Zum Dörren eignen sich fast alle Obstarten, ganz besonders aber Kirschen, Zwetschken, Äpfel und Birnen. Beim Dörren des Obstes ist folgendes zu beachten: Das Obst zum Dörren muß vollständig reif sein. Unreife, unausgebildete, fleckig gewordene, wurmige und teigige oder überreife Früchte geben kein wirklich gutes Trockenobst. Das Obst soll angenehm süßsäuerlich sein. Reinsüße oder saure Früchte sowie fadschmeckende Sorten sollten nur im Notfalle zum Trocknen verwendet werden. Die Hürden sind öfters als wie beim Gemüsedörren zu wechseln. Man wechselt die Hürden je nach der Wärme des Herdes oder Rohres alle 20 bis 30 Minuten.

Steinobstfrüchte sind genügend getrocknet, wenn beim Quetschen des Fruchtfleisches an der Stielwunde sich kein Saft mehr zeigt. Apfelschnitze, Spalten und Ringe müssen sich biegen lassen und dürfen nicht brechen, Birnen müssen sich noch elastisch und nicht hart anfühlen. Da manche Obstsorte oft ungleich dörrt, sind die nach den vorstehend mitgeteilten Anzeichen fertigen Früchte während des Hürdenwechsels herauszunehmen und abkühlen zu lassen. Rasches Abkühlen am offenen Fenster usw. gibt schönes Obst. Nach vollkommenem Abkühlen wird es genau so wie Trockengemüse aufbewahrt. Trockengemüse und Obst ist während der Aufbewahrung von Zeit zu Zeit durchzusehen und leicht aufzuschütteln. Sollte sich hie und da leichter Schimmel zeigen, was bei richtiger Aufbewahrung wohl selten vorkommt, so ist das Gemüse oder Obst wieder auf Hürden zu bringen, einige Stunden zu übertrocknen und nach vollständigem Abkühlen wieder in die Behälter zu geben.

Kirschen: Die besten Trockenkirschen erhält man von großfrüchtigen Sorten. Sie werden entstielt, jedoch nur in einer Lage aufgeschüttet, gleichgültig ob die Stielnarbe nach oben, oder einer anderen Seite gerichtet ist.

Zwetschken: Dieselben werden dicht nebeneinander, die Stielnarben nach oben, auf die Hürden gelegt.

Äpfel: Alle Äpfel müssen geschält und von dem Kernhaus befreit werden. Sie werden hierauf in 5 bis 6 Millimeter dicke Scheiben oder Spalten geschnitten. Kleine Früchte können auch ganz bleiben. Es müssen aber in diesem Falle die Kernhäuser mit einem sogenannten Kernhausbohrer (in allen Haushaltungsgeschäften billig erhältlich) ausgestochen werden. Die fertig zugerichteten Spalten, Scheiben usw. werden sofort in eine leichte Salzlösung (8 bis 10 Gramm per Liter Wasser) geworfen, um das Braunwerden zu verhüten und ein helles, schönes Produkt zu erhalten. Nach einigen Minuten nimmt man sie heraus, läßt abtropfen und legt sie nebeneinander auf die Hürden. Für Äpfel ist gleich zu Beginn des Dörrens eine etwas höhere Wärme zu empfehlen.

Birnen: Kleine Birnen läßt man ganz und ungeschält und legt sie mit den Stielen nach oben auf die Hürden. Mittelgroße und größere Birnen kann man geschält und ungeschält verwenden, doch sind sie zu halbieren oder in Viertel zu schneiden. Das Kernhaus der Birnen ist häutig, wird beim Kochen weich und genießbar und kann daher belassen werden. Wenn die Birnen geschält oder geschnitten werden o sind sie ebenfalls in Salzwasser zu legen und wie die Äpfel zu behandeln, wenn man ein helles Produkt erzielen will.

Um Raum zu sparen, wurde in diesem Merkblatt nur das Trocknen der meist verbreiteten und beliebtesten Gemüse- und Obstarten besprochen, doch lassen sich nach den hier mitgeteilten Regeln mittels der Herddörre alle Vegetabilien konservieren. Wer sich mit dem Dörrverfahren vertraut gemacht und Übung erlangt und durch Versuche Erfahrungen gesammelt hat, wird mit den Erfolgen zufrieden sein.

Druck von Joh. N. Vernay, Wien, IX., Canisiusgasse 8—10.

Ende mit Schrecken: 1918

Zunehmend hoffnungslos wurde die Versorgungslage der Mittelmächte im letzten Kriegsjahr. Schon im Jänner wurde die Mehlration auf die Hälfte der schon bisher kargen Menge herabgesetzt.[142] Alle Hauptnahrungsmittel wie Milch, Brot, Fleisch oder Gemüse waren streng rationiert und nur gegen Bezugscheine erhältlich - wenn man sie überhaupt bekam.[143] Um dem expandierenden Schwarzmarkt entgegenzuwirken, versuchte die Regierung die Preise zu limitieren. Für Heu und Stroh wurden mit Verordnung vom 3. Juni 1918 Höchstpreise festgesetzt.[144] Später folgten solche Preisregelungen u.a. für diverse Obstsorten und sogar für Wildbret von Schalenwild, Feldhasen, Wildkaninchen, Fasanen und Rebhühnern. Die Jagdinhaber waren verpflichtet, von der während eines Kalenderjahres erzielten Gesamtstrecke ihrer Reviere genau festgesetzte Mengen an die von der politischen Landesbehörde einzurichtenden Wildübernahmsstellen zu den festgesetzten Preisen abzuliefern.[145] Mit Verordnung vom 22. Juni wurde vom Amt für Volksernährung die *„Verabreichung von frischem Obst in Gast- und Speisewirtschaften"* verboten.[146] Sogar der Verbrauch von Rotationsdruckpapier für die Herstellung von Zeitungen musste wegen Rohstoffmangels im Juli 1918 eingeschränkt werden.[147] Unselbständig Tätige (Arbeiter/Arbeiterinnen, Angestellte und Beamte) wurden im Laufe des Krieges durch die fortschreitende Inflation besonders betroffen: Die Lebenshaltungskosten erhöhten sich von Kriegsbeginn 1914 bis 1918 auf das 13-fache der Friedenszeit (ohne Berücksichtigung der Wohnkosten sogar auf das 16-fache) - ohne entsprechende Kompensation. Dieser Teil der Bevölkerung verarmte folglich immer mehr, wogegen die Geldentwertung den Bauern immerhin eine Entschuldung ihres Besitzes ermöglichte, nicht aber die Möglichkeit, ihre Betriebe zu modernisieren und damit die Produktivität zu steigern.[148] Gerade die Beamtenschaft fungierte trotzdem bis Kriegsende als tragende Säulen eines immer noch in seinen Grundzügen funktionierenden öffentlichen Lebens und innerstaatliche Klammer. Sie hielten im Großen und Ganzen die Strukturen der allgemeinen öffentlichen Verwaltung, im Post- und Eisenbahnwesen - nach Maßgabe der Möglichkeiten - aufrecht.[149]

[142] Peter Fritz u. Christian Rapp (Red.): Jubel und Elend - Leben mit dem Großen Krieg 1914-1918; Schallaburg 2014, S. 311 f.
[143] Peter Fritz u. Christian Rapp (Red.): Jubel und Elend - Leben mit dem Großen Krieg 1914-1918; Schallaburg 2014, S. 315.
[144] RGBl. Jg.1918, Nr. 193.
[145] RGBl. Jg.1918, Nr. 252.
[146] RGBl. Jg.1918, Nr. 222.
[147] RGBl. Jg.1918, Nr. 236 und Nr. 352.
[148] Eberhard Zwink (Hg.): Salzburger Quellenbuch - von der Monarchie bis zum Anschluss, Schriftenreihe des Landespressebüros Nr. 86; Salzburg 1985, S. 97.
[149] Hannes Leidinger: Der Untergang der Habsburgermonarchie; Innsbruck 2017; S. 372 ff.

1917 und vor allem 1918 kam es im Inneren Österreich-Ungarns zunehmend zu Unruhen, Demonstrationen und fallweise offenem Aufruhr. Die schwierige Versorgungslage löste Demonstrationen und Streiks aus. In einigen Fällen meuterten Ersatztruppenkörper, so in Judenburg (Steiermark), Radkersburg (Steiermark), Rumburg (Böhmen) und Pecs (Ungarn). Eigentlich zur Retablierung (Auffrischung) vorübergehend ins Hinterland verlegte k.u.k. Truppen mussten zur Niederschlagung der Aufstände eingesetzt werden.[150] In Böhmen, Mähren, Galizien und Ungarn legten ArbeiterInnen in Fabriken die Arbeit nieder, um bessere Lebensbedingungen, vor allem höhere Proviantzuteilungen zu erreichen. Auch in den Alpenländern regte sich zunehmend Unmut über dramatisch sinkende Lebensmittelzuteilungen und exorbitante Schwarzmarktpreise, das Vertrauen der Bevölkerung in Behörden und andere staatliche Einrichtungen sank rapide. In Knittelfeld, Feldbach, Idria und Villach gab es Streiks und Plünderungen.[151] Wilde Gerüchte nährten soziale Spannungen und nationalistische Ressentiments. In Trient kam es im April 1918 zu Hungerkrawallen, im Mai plünderten in Cles (Trentino) aufgebrachte Frauen ein Lebensmittelmagazin.[152] In der Stadt Salzburg eskalierte am 19. September 1918 eine Hungerdemonstration zu offenem Aufruhr mit Plünderungen, welchen das k.u.k. Militärkommando Innsbruck mit harten militärischen Maßnahmen niederzuschlagen gewillt war. Ein für Salzburg nicht untypischer Platzregen, welcher die Demonstranten/Demonstrantinnen rasch zerstreute, ersparte schließlich einen Einsatz von Militärassistenzen mit unabsehbaren Folgen.[153]

Ähnlich dramatisch war die Lage im Deutschen Reich: Es gibt nichts zu essen und kaum noch Kleidung für die Zivilbevölkerung. Jacken und Mäntel werden aus imprägniertem Papier hergestellt.[154] Selbst in der von eigentlichen Kriegshandlungen aufgrund ihrer bewaffneten Neutralität verschont gebliebenen Schweiz kam es 1918 zu inneren Konflikten. Unter dem wirtschaftlichen Druck der Entente stehend traten in der Schweiz Versorgungsengpässe auf, die in sozialen Spannungen mündeten. Bauern sowie industrielle und gewerbliche Produzenten hatten während des Krieges beträchtliche Gewinne erzielt, die breite Masse der Bevölkerung, vor allem in den Städten und Industriezentren, war jedoch u.a. wegen

[150] Richard Georg Plaschka, Horst Haselsteiner, Arnold Suppan: Die Innere Front, Band 1; Wien 1974, S. 357 ff.

[151] Richard Georg Plaschka, Horst Haselsteiner, Arnold Suppan: Die Innere Front, Band 2; Wien 1974, S. 40 ff.

[152] Oswald Überegger u. Matthias Rettenwander: Die Tiroler Heimatfront im Ersten Weltkrieg; Bozen 2004, S. 176 f.

[153] Hermann Hinterstoisser: Soldaten in Salzburg – militärische Präsenz 1918/19, in: Oskar Dohle u. Thomas Mitterecker (Hg.): Salzburg 1918-1919; Wien 2018, S. 206 ff.

[154] Brigitte Hamann: Der Erste Weltkrieg; München 2004, S. 172.

steigender Inflation zunehmend in Not geraten.[155] Die soziale Schieflage kulminierte im November 1918 in einem Generalstreik und Unruhen, die sogar den Einsatz des Bundesheeres im Inneren der Schweiz zwecks Aufrechterhaltung bzw. Wiederherstellung geordneter Verhältnisse erforderlich machten.[156]

Der Erste Weltkrieg zeigt, dass ein „moderner Krieg" in seiner bestialischen, seelenlosen Maschinisierung[157] nicht allein am Schlachtfeld entschieden wird. Wirtschaftliche, propagandistische und soziale Aspekte sind erschreckend ebenbürtig am Ausgang des Konfliktes beteiligt. Nicht nur Waffentechnik und soldatische Qualitäten sondern auch Agrarsystem, industrielle Kapazität, Verkehrswege und Verteilungsstruktur, gesellschaftliche Resilienz und vor allem die Verfügbarkeit von Ressourcen bestimmen Verlauf und Ausgang von Konflikten.

[155] Herbert Schiff u. Karl Bochsbichler: Die Bergbauern; Wien 1977, S. 87.
[156] Jelmoli (Hg.): 100 Jahre Eidgenössische Armee; Zürich 1948, S. 46; E. Lederrey: Das Schweizer Heer; Genf 1929, S. 121.
[157] Stefan Zweig: Die Welt von gestern (Stockholm 1942); Berlin 2013, S. 263.

Glossar

Blumenkohl – Karfiol; Zuchtsorte des Gemüsekohls (Brassica oleacea)

Eierfrucht – Aubergine (Solanaceae), auch „Melanzani“ genannt

Goldrübchen – Karotten; auch Möhren oder Moorrüben. Gemüsepflanze aus der Familie der Doldenblütler (Apia ceae); gegessen werden vorwiegend ihre Pfahlwurzeln, doch ist auch das Laub („Möhrenkraut“) genießbar oder als Tierfutter verwertbar.

Muas – Sammelbegriff für im Alpenraum verbreitete kalorienreiche Speise; Hauptzutaten: Butter, Milch, Mehl (je nach Gegend Weizen, Mais, Hirse), Salz; oft mit saisonalen Früchten verfeinert (Apfel, Kirschen, Heidelbeeren/„Moosbeermuas“, Preiselbeeren

Stachys – Ziest; krautige Pflanze aus der Familie der Lippenblütler (Lamiaceae)

Tomaten – Paradeiser, Paradiesäpfel; krautige Pflanze aus der Familie der Nachtschattengewächse (Solanace ae)

Danksagung

Der Autor dankt seiner Mutter Auguste Hinterstoisser für die Transkription des in Kurrentschrift verfassten Kriegstagebuches 1918 seines Großonkels Fritz Fuchs, Feldwebel im k.u.k. IR No. 84, und seiner Gattin Silvia für die Manuskriptdurchsicht. Für wichtige Hinweise und die Zugänglichmachung von Bildmaterial gebührt Frau Sofia Kolig (†) und Herrn Prof. Tristan Loidl (†) aufrichtiger Dank. Der Autor dankt ADir Siegfried Stürmer, Mitarbeiter des Milizverlages für die Möglichkeit zur Veröffentlichung und der großen Hilfe bei der Publikation.